ESSAI

SUR

LES FINANCES,

O U

PROJET DE BUDGET

POUR 1817.

PAR M. GOUSSARD,

CONSEILLER-MAÎTRE DES COMPTES, ET CHEVALIER
DE L'ORDRE ROYAL DE LA LÉGION D'HONNEUR.

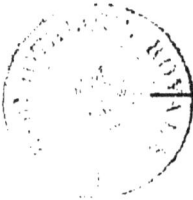

A PARIS,

Chez DELAUNAY, Libraire, au Palais-Royal,
sous les Galeries de bois.

1816.

DE L'IMPRIMERIE DE LEFEBVRE, RUE DE BOURBON,
N°. II, F. S.-G.

TABLE DES MATIÈRES.

SECONDE PARTIE.

(3)

FIN DE LA TABLE DES MATIÈRES.

a *

INTRODUCTION.

Suivant Forbonnais : « Lorsqu'un pays
» a été long-temps en proie aux mal-
» heurs , soit des guerres civiles , soit
» des guerres étrangères ; lorsque l'État
» est surchargé de dettes et dans une
» position difficile , c'est un devoir com-
» mun à tous les citoyens de combattre
» toutes les idées de découragement, et
» d'embrasser avec plus de chaleur le
» Gouvernement ; c'est alors que nous
» devons lui tendre une main secourable,
» et dévouer à son service toutes les res-
» sources de notre esprit ».

Nous sommes dans des conjonctures,
je ne dirai pas semblables , mais bien
plus graves encore que celles qui faisaient
le sujet des méditations de Forbonnais,
lorsqu'il écrivait sur les finances de
France. Ceux qui ont fait quelques études
sur les matières de finance , sont donc
excusables aujourd'hui de se croire ap-

pelés à offrir les fruits de leurs recherches et de leurs observations.

C'est par cette considération que je me suis déterminé à présenter mes vues sur nos finances, sur les moyens de pourvoir à tous nos besoins, et même de libérer l'État de ses charges les plus onéreuses.

Je puis m'abuser dans mes conceptions, mais je me flatte au moins qu'on ne doutera pas de la pureté des sentimens qui m'animent. Aucun motif d'ambition ni d'intérêt personnel n'est entré dans ma pensée. Comme membre de la grande famille des Français, comme père de famille moi-même, j'ose me présenter dans l'arêne, uniquement pour servir la chose publique, dans laquelle chacun de nous est grandement intéressé.

La loi sur les finances, du 28 avril 1816, les discussions profondes et lumineuses qui l'ont précédée, les rapports faits par S. E. le Ministre des finances et le projet de budget par lui présenté, les rapports des Commissions des finances, dans les deux Chambres, et les opinions impri-

mées d'un grand nombre d'orateurs ;
différentes lois, ordonnances du Roi et
autres actes publics : telles sont les auto-
rités, les bases et les documens qui m'ont
mis à portée de connaître notre situation ;
et lorsque j'en présenterai le tableau, je
ne hasarderai rien qui ne soit déjà d'une
notoriété publique.

Me proposant de tracer un plan de
finances pour 1817, j'ai dû considérer
d'abord toute l'étendue et la consistance
des dépenses tant ordinaires qu'extraordinaires qui doivent peser sur la France
et grever l'exercice de cette même année ;
mais j'ai cru devoir aussi prendre en
considération la prolongation des charges
extraordinaires pendant les années suivantes.

J'ai senti que la France, déjà épuisée
par les événemens de 1814 et de 1815, le
serait encore davantage successivement,
soit par les charges que lui imposera nécessairement la loi de finances de chaque
année, soit par la présence pendant plusieurs années sur une partie considérable

de notre territoire, de 150,000 hommes de troupes étrangères (1).

J'ai craint, et beaucoup d'autres pourraient craindre avec moi, que si, par quelque heureuse inspiration, on ne trouvait pas des moyens extraordinaires qui fussent propres à nous tirer de la crise où nous sommes ; j'ai craint, dis-je, que ma malheureuse patrie, accablée par un fardeau trop pesant pour elle, ne vînt à succomber. Cependant, loin de désespérer du salut de mon pays, j'ai pensé qu'il offrait encore de très-grandes ressources ; que le point important était de les indiquer, et de savoir les employer.

En conséquence, je me suis donné à résoudre le problème suivant :

Trouver des moyens convenables, justes et efficaces, pour assurer, dès

---

(1) Quoique 130 millions soient destinés à l'entretien de ces troupes, il n'est pas moins vrai que leur présence est une charge très-réelle pour les pays occupés, indépendamment des autres inconvéniens qui sont inévitables en pareil cas.

1817, *la libération totale de l'État envers les Puissances étrangères, en ce qui concerne la contribution de guerre de 700 millions ; et par suite de cette première mesure, obtenir, conformément à l'art. 5 du traité du 20 novembre 1815, l'évacuation entière du territoire français par les troupes étrangères, à l'expiration des trois premières années d'occupation, c'est-à-dire, à l'époque du 1er. janvier 1819, au plus tard.*

J'ai long-temps médité et réfléchi sur la matière que j'avais à traiter ; je n'ose assurément me flatter d'avoir eu cette heureuse inspiration dont je parlais tout-à-l'heure ; mais j'avoue qu'après avoir rapproché et comparé tous les moyens connus dans l'histoire de la finance, tant ancienne que moderne, les uns m'ont paru inadmissibles ou impraticables, et les autres insuffisans.

Ceux que j'ai conçus seront amplement développés dans la seconde partie de mon Ouvrage ; on les appréciera, et on sera à portée de juger si j'ai atteint le but que je me suis proposé.

Cependant, avant d'en venir à l'objet principal de la tâche que j'ai entreprise, je parcourrai toutes les parties qui doivent composer le budget de 1817, tant en recettes qu'en dépenses ; je suivrai, à cet égard, l'ordre qui a été observé pour 1815 et pour 1816.

Dans la fixation des dépenses je me conformerai, autant qu'il sera possible, aux intentions du Gouvernement, parce que personne ne peut juger aussi bien que lui de l'étendue des besoins de l'État. C'est dans le même esprit que j'examinerai les recettes, et je les porterai au plus haut degré qu'elles soient susceptibles d'atteindre. Je balancerai ensuite les uns et les autres, et j'arriverai à un résultat qui fera connaître, en dernière analyse, notre véritable situation tant pour le présent que pour l'avenir. C'est alors qu'on pourra juger de là nécessité de recourir à des moyens, des ressources extraordinaires ; c'est alors aussi que je présenterai mes vues à cet égard.

ESSAI

SUR

LES FINANCES.

PREMIÈRE PARTIE.

PROJET DE BUDGET POUR 1817.

DÉPENSES ORDINAIRES.

CHAPITRE PREMIER.

DETTE PUBLIQUE.

La dette publique se compose des rentes perpétuelles, inscrites ou à inscrire, des rentes viagères et des pensions.

Art. 1er. La dette perpétuelle en 5 p. $\frac{0}{0}$ consolidés, inscrite avant la loi sur les finances, du 28 avril 1816, peut être évaluée à 70 millions, y compris : 1°. les créances antérieures à 1809, qui ont dû être inscrites; 2°. les rentes inscrites en exécution de la loi du 21 décembre 1814; 3°. celles inscrites ou à inscrire

1

au profit des communes, en remplacement de leurs biens aliénés ; 4°. celles des créances de l'arriéré converties en obligations, en conformité de la loi du 23 septembre 1814, et dont les porteurs auraient requis l'inscription au grand-livre, antérieurement à la loi du 28 avril dernier ; ci . . . . 70,000,000 fr.

2. Il faut ajouter à ce premier article les créances de l'arriéré, antérieures au 1er. janvier 1816, sur le sort desquelles on ne peut se dispenser de statuer, en rendant définitive la consolidation provisoire et facultative, déjà prononcée par la loi du 28 avril.

Quelque préjudice qui puisse en résulter pour les créanciers, il sera encore moins sensible et moins onéreux pour eux, que s'ils étaient privés du capital et des intérêts jusqu'à l'année 1821, et qu'ils demeurassent toujours incertains, jusqu'à cette époque, du mode de paiement qui serait adopté à leur égard.

Mais il paraît de toute justice d'accélérer les liquidations, afin de faire jouir promptement les créanciers de leurs capitaux. Je ne puis pas savoir à quel point seront parvenues les liquidations au 1er. janvier 1817 ; mais il me semble qu'il n'est pas impossible de les conduire de manière qu'elles soient entièrement terminées dans le cours de cette même année 1817.

S. E. le Ministre des finances avait évalué l'arriéré dont il s'agit à 685 millions : M. Corbière, dans son rapport au nom de la commission des finances de la chambre des Députés, avait pensé qu'il devait être réduit à 512 millions. En pareille matière, je crois qu'il est prudent de prendre un terme moyen, et je me détermine à porter cet arriéré pour 600 millions. Il est probable que cette dernière évaluation ne sera point exagérée, surtout si l'on considère qu'il peut y avoir quelques parties omises qui seront de nature à y être comprises ; entre autres, les obligations royales qui n'auraient pas été inscrites avant la loi du 28 avril 1816, etc.

Quant aux parties de ce même arriéré qui, comme l'annonce M. Corbière dans son rapport, auraient été déjà liquidées et inscrites dans l'intervalle de la présentation du budget à l'émission de la loi des finances, on ne peut pas craindre qu'elles occasionnent un double emploi ; parce que très-certainement elles ne sont pas comprises dans les 70 millions faisant le premier article de la dette publique.

Ainsi, le présent article sera considéré comme consolidé et inscrit, et il sera porté ici en rentes perpétuelles ou 5 p. $\frac{0}{0}$ pour 30,000,000 fr.

3. La loi sur les finances, du 28 avril, a ordonné la liquidation et le remboursement

en rentes sur l'État, de l'emprunt de 100 millions fait en vertu de l'ordonnance du Roi, du
16 août 1815 ; mais la rente de 5 millions qui
paraîtrait devoir résulter de cette disposition,
ne doit pas être portée en plein, et elle est susceptible de réduction, soit à cause des non
valeurs et défauts de recouvremens que l'on
aura éprouvés sur cet emprunt ; soit à cause des
abandons faits par un grand nombre de citoyens,
au profit de l'État, des taxes auxquelles ils
avaient été imposés et qu'ils avaient acquittées.

Il y a tout lieu de croire que la réduction à
opérer sur le présent article, doit être évaluée
au moins à 20 millions ; ce qui réduirait le
capital, sujet à liquidation et à remboursement,
à 80 millions.

Conséquemment, la rente de 5 millions, re-
présentative de l'emprunt de 100 millions, ne
subsistera plus que pour 4 millions ; et c'est
pour cette dernière somme qu'elle sera em-
ployée dans le présent chapitre ; ci. 4,000,000 fr.

4. Par la même loi du 28 avril, articles 117
et 118, il a été ouvert au Ministre des finances,
pour le service de l'année 1816, un crédit de
6 millions de rente, que le Gouvernement a
été autorisé à créer et faire inscrire à mesure
des besoins. Ce crédit a dû servir, d'une part,
à pourvoir aux dépenses indispensables et im-

prévues, et d'autre part, à couvrir le déficit qui pourrait exister entre les recettes et les dépenses tant ordinaires qu'extraordinaires.

Tout porte à croire que le Gouvernement aura usé entièrement du crédit de ces 6 millions de rente, mais surtout à cause des déficit qui auront eu lieu dans les contributions indirectes ; soit parce que les circonstances les ont rendues moins productives, soit parce que les augmentations de droits, ou les droits nouveaux établis par la loi de finances, n'ont pu commencer à fructifier que dans le cinquième ou sixième mois de l'année courante.

Il y a donc lieu de porter ici en ligne de compte. . . . . 6,000,000 fr.

5. Un autre crédit de 6 millions de rente, article 120, a été encore ouvert au Ministre des finances, pour être employé exclusivement à diminuer, pour l'avenir, s'il y a lieu, les charges extraordinaires de l'État.

Comme j'ignore si le Gouvernement a jugé à propos de faire usage de ce nouveau crédit, et qu'il est possible qu'il n'en ait pas usé, je crois devoir me borner à l'employer pour mémoire ; ci. . . . . *Mémoire.*

6. Les rentes viagères sont portées au budget de 1816 pour 13,500,000 francs.

Quoique chaque année une partie de ces rentes

vienne à s'éteindre, on les portera néanmoins dans ce chapitre pour une somme pareille de 13,500,000 fr., parce qu'il est vraisemblable qu'il sera disposé du montant des extinctions, soit en faveur des Ministres du culte, soit au profit de la caisse d'amortissement; ci. 13,500,000 f.

7. Les pensions sont ordinairement comprises dans la dette publique, quoiqu'elles soient d'une nature différente. Elles sont portées au budget de 1816 pour 24,500,000 fr.

Au moyen des établissemens de l'Hôtel royal des Invalides, et de la caisse des Invalides de la marine; au moyen encore de la fondation des caisses de retraite pour l'ordre judiciaire, et pour toutes les administrations de finances, la dette des pensions deviendra par la suite infiniment moins onéreuse pour le trésor royal; surtout si l'on étend la mesure des caisses de retraite à tout ce qui n'y est pas encore compris, et qui en serait susceptible. Mais dans l'état actuel des choses, et eu égard à ce que les pensions qui s'éteignent dans le cours d'une année, peuvent être remplacées par des pensions nouvelles; que, d'ailleurs, une partie de ces extinctions pourrait recevoir une destination utile; on croit devoir porter les pensions pour 1817, comme en 1816, à la somme de. . . . . 24,500,000 fr.

8. Suivant les traité et conventions du 20 novembre 1815, et en vertu de la loi du 23 décembre suivant, le Gouvernement a été autorisé à créer et faire inscrire 16 millions de rentes au capital de 320 millions, savoir : 1°. 7 millions pour garantir la régularité des paiemens de la contribution de guerre de 700 millions; 2°. 7 millions pour garantir le paiement des sommes dues aux sujets des puissances étrangères; 3°. 2 autres millions pour des causes et besoins éventuels.

Si le Gouvernement a pu acquitter exactement, dans le cours de 1816, le cinquième de la contribution de guerre, et si cette contribution continue d'être acquittée régulièrement dans les années suivantes, la rente de 7 millions, inscrite pour la garantie de cet objet, deviendra sans effet, et le grand-livre en sera déchargé.

Or, comme il a été pourvu par le budget de 1816, et qu'il sera également pourvu par celui de 1817, à toutes les dépenses, tant ordinaires qu'extraordinaires de ces deux années, je pense qu'il n'y a pas lieu de comprendre dans le chapitre de la dette publique, les 7 premiers millions dont il s'agit.

Mais il n'en est pas de même des 7 millions qui ont dû être inscrits pour garantir le paiement des sommes dues aux sujets des Puissances

étrangères, ni même des 2 derniers millions de
supplément. Les stipulations relatives à ces deux
derniers articles, annoncent clairement *un mode
de paiement*. Ainsi, ces 9 millions font réellement partie de la dette publique, sauf néanmoins les compensations que la France serait
fondée à opposer, et qui viendraient en déduction des créances dont il s'agit.

Je suppose que ces compensations doivent
être évaluées à 20 millions; et alors, il ne
resterait plus à porter le présent article que
pour. . . . . 8,000,000 fr.

Ainsi, le total de la dette publique paraît devoir s'élever à la somme de 156 millions, savoir:

En rentes perpétuelles, ou 5 p. $\frac{0}{0}$ consolidés,
à . . . . 118,000,000 f.
En rentes viagères. 13,500,000
Et pensions. 24,500,000

Ci. . . . . . . 156,000,000 f.

Si l'on se reporte à la loi du 23 septemb. 1814,
qui contient le budget de 1815, on y verra que
la dette publique n'y est portée que pour 100
millions, et qu'elle va se trouver augmentée,
en 1817, de 56 millions, représentatifs d'un
capital de 1120 millions.

Ce rapprochement est affligeant; les causes
en sont connues, et l'on éprouverait quelque

soulagement, si l'on voulait exhaler tous les sentimens d'indignation que font naître les événemens désastreux de 1815; mais ce n'est point par des plaintes et par des gémissemens que nous pourrons remédier à nos maux : c'est par un bon plan de finance, par de grandes et fortes mesures.

Au surplus, il n'est pas hors de propos de faire un autre rapprochement tout-à-fait différent. Avant la révolution, la dette publique annuelle se montait environ à 250 millions, y compris les pensions ; elle était donc, à cette époque, plus forte de 94 millions qu'elle ne le sera en 1817. Ainsi, sous ce point de vue, notre position est encore moins fâcheuse qu'elle ne l'était alors : c'est donc une grande raison pour ne pas tomber dans le découragement.

Citons encore un autre exemple du même genre. Louis XIV laissa, à sa mort, 2 milliards 600 millions de dettes à 28 liv. le marc, ce qui fait environ 4 milliards 800 millions de la monnaie actuelle. Or, le capital de notre dette perpétuelle n'est que de 2 milliards 360 millions; il est donc de beaucoup inférieur au capital de la dette laissée par Louis XIV.

Mais revenons à la conclusion de ce chapitre, et n'omettons pas une observation importante.

L'année 1817 ne sera pas chargée du service entier des 156 millions auxquels s'élève la dette publique. En effet, les art. 2 et 3 ne sont pas entièrement liquidés, à beaucoup près, et il est probable qu'à l'ouverture du premier semestre des rentes en 1817, il y aura au plus le tiers de ces créances de liquidé. Or, le montant total des articles 2 et 3 étant de 34 millions, il faut en retrancher les deux tiers, qui sont de 22,700,000 fr. ; et conséquemment, le budget de 1817 ne devra être chargé, pour le service de la dette publique, que de 133,300,000 fr. au lieu de 156 millions ; ci . . . . 133,300,000 f.

CHAPITRE II.

LISTE CIVILE, FAMILLE ROYALE, CHAMBRE DES PAIRS ET CHAMBRE DES DÉPUTÉS.

Je porterai ces quatre articles pour mêmes sommes que celles qui ont été proposées par S. E. le Ministre des finances pour 1816, et qui ont été fixées par la loi sur les finances du 28 avril.

Art. 1er. Liste civile. . . . 25,000,000 f.
2. Famille royale. 9,000,000
3. Chambre des Pairs. . . 2,000,000
4. Chambre des Députés. . 700,000

Total du chapitre II. . 36,700,000 f.

CHAPITRE III.

DÉPENSES DES DIFFÉRENS MINISTÈRES.

Art. Ier. *Ministère de la Justice.*

Comme au budget de S. E. le Ministre des finances, et conformément à la loi du 28 avril pour 1816, ce ministère sera porté, pour 1817, à. . . . . . 17,000,000 f.

II. *Ministère des Affaires étrangères.*

Les dépenses de ce ministère seront portées, comme pour 1816, à. 6,500,000

Il avait été ajouté, par la loi du 23 avril, un supplément de 1,500,000 fr. pour le mariage de S. A. R. Monseigneur le Duc de Berry.

III. *Ministère de l'Intérieur.*

Il n'avait été proposé par le Ministre des finances que 70 millions, y compris les dépenses départementales; mais il a été accordé 5 millions de plus par la loi du 28 avril, en faveur des Ministres du culte.

Je n'examinerai pas si la

23,500,000 f.

Report. . . 23,500,000 f.

distraction de 24 millions pour dépenses départementales doit ou non être maintenue, parce que, dans un cas comme dans l'autre, la dépense doit toujours avoir lieu.

En conséquence, le présent article sera porté pour. . . . 75,000,000

IV. *Ministère de la Guerre.*

Les dépenses de ce ministère ont été fixées, par la loi de finances pour 1816, à 180 millions, conformément à la proposition de S. E. le Ministre des finances; mais ce Ministre, dans son rapport préliminaire, a fait sentir l'insuffisance de cette somme; il n'a pas dissimulé que des dépenses extrêmement importantes, et notamment pour la réorganisation du matériel de l'armée, qui auraient dû être faites en 1816, se trouveraient ajournées à 1817.

Il paraît donc indispensable

98,500,000 f.

Report. . . 98,500,000 f.

d'accorder, pour le ministère de la guerre, en 1817, une somme plus forte qu'en 1816; et nous pensons que les dépenses de ce ministère doivent être portées au présent chapitre pour 210 millions; ci. 210,000,000

V. Ministère de la Marine.

Comme il a été proposé par le Ministre des finances, pour 1816, et ainsi qu'il a été ordonné par la loi du 28 avril, les dépenses de ce ministère seront portées ici, pour 1817, à 48 millions; ci. 48,000,000

VI. Ministère de la Police générale.

On en portera les dépenses pour 1817 comme pour 1816, à 1 million; ci. 1,000,000

VII. Ministère des Finances.

Dépenses de 1817, comme il a été réglé pour 1816, 16 millions; ci. 16,000,000

Total du chapitre III. . 373,500,000 f.

CHAPITRE IV.

DÉPENSES DIVERSES.

Art. Ier. *Intérêts des Cautionnemens.*

Cet article n'est porté au budget de 1816 que pour 8 millions; mais eu égard aux nouveaux cautionnemens ou supplémens de cautionnemens fournis en exécution de la loi du 28 avril, il doit être porté, pour 1817, à 10 millions; ci. . . . .   10,000,000 f.

II. *Frais de Négociations.*

Comme pour 1816, 12 millions; ci. . . . .   12,000,000 f.

III. *Fonds d'Amortissement.*

Ce fonds a été fixé par la loi du 28 avril à 20 millions. Bien loin de proposer aucune réduction sur cet article, on désirerait ardemment de le voir porté à une somme plus forte; mais l'état de nos finances, quant à présent, ne permet aucune augmentation à cet égard, et il faut se renfermer dans les limites déjà tracées; ci.   20,000,000

Total du chapitre IV. . .   42,000,000 f.

Résumé des Dépenses ordinaires.

Chap. Ier. Dette publique. . 133,300,000 fr.

Chap. II. Liste civile, etc. . 36,700,000

Chap. III. Dépense des différens ministères. 373,500,000

Chap. IV. Dépenses diverses. 42,000,000

Total des dépenses ordinaires. 585,500,000 f.

Dépenses extraordinaires.

Art. 1er. Contribution de
guerre. . . . . 140,000,000 f.

2. Dépenses d'entretien de
150,000 hommes de troupes
étrangères. 130,000,000

3. Remboursement de la
seconde moitié des 20 millions
avancés par les Départemens
pour l'habillement et l'équipement des troupes étran-
gères. 10,000,000

4. Secours accordés par le
Roi et par les Princes de la
Famille royale, aux Départe-
mens qui ont le plus souffert

280,000,000 f.

Report. . . 280,000,000 f.

pendant l'occupation militaire
de 1815.   10,000,000

Déficit éventuel qui pourrait résulter sur l'exercice de
1816, soit de l'insuffisance
des recettes présumées, soit
d'excédant dans les dépenses
prévues, soit enfin des dépenses
imprévues et accidentelles,
auxquelles il n'aurait pas été
pourvu par la loi de finances
du 28 avril.

Nous avons déjà indiqué, au
chapitre de la dette publique,
les causes qui ont dû engen-
drer un déficit considérable
dans les recettes présumées de
1816 ; mais en même temps,
nous avons fait observer que
ce déficit avait dû être couvert
par les ressources extraordinaires que la loi du 28 avril,
articles 117 et 118, a mises à
la disposition du Gouvernement.

Ainsi, nous ne pensons pas

290,000,000 f.

<table>
<tr><td>Report . .</td><td>290,000,000 f.</td></tr>
</table>

qu'il y ait aucune disposition
à faire dans le budget de 1817,
pour le déficit dont il s'agit.

Total des dépenses extraordinaires. . . . . 290,000,000 f.

Récapitulation.

Dépenses ordinaires.	585,500,000 f.
Dépenses extraordinaires. .	290,000,000

Total des dépenses de l'exercice de 1817. . . . . . . 875,000,000 f.

RECETTES DE 1817.

RECETTES ORDINAIRES.

CHAPITRE PREMIER.

CONTRIBUTIONS DIRECTES.

Chacune des branches du système des contributions directes pourrait donner matière à des
réflexions importantes, et faire naître des vues
particulières ; mais la contribution foncière
étant la plus importante de toutes, c'est la seule

2

sur laquelle je présenterai quelques observations préliminaires.

Dans l'état actuel de la législation, le principal de la contribution foncière ne doit pas excéder le cinquième du produit net, qui est le seul imposable. Or, les écrivains les plus distingués se sont accordés pour évaluer le produit net des propriétés du Royaume à 1200 millions, dont le cinquième serait de 240 millions. Il semblerait donc, en considérant le principal actuellement établi, et qui n'est porté qu'à 172 millions, que cette fixation est favorable, puisqu'elle est de beaucoup inférieure au cinquième du produit net.

Cependant, il faut considérer aussi, qu'indépendamment du principal de 172 millions, il est établi et perçu 66 centimes additionnels; savoir : 50 centimes au profit du trésor royal; 5 centimes pour les dépenses communales; 5 centimes facultatifs accordés aux Départemens; et 6 centimes pour frais de perception, lesquels portent sur les accessoires comme sur le principal. Ces 66 cent., qui s'élèvent à 118,680,000 f., étant réunis aux 172,000,000 de principal, il en résulte un total de 290,680,000 fr., qui touche de bien près au quart du revenu.

L'impôt foncier doit donc paraître extrêmement pesant; et il est aisé de sentir que ce

ne sera que par un bon système de contributions indirectes, que l'on pourra parvenir à
en diminuer la pesanteur.

Mais ce qui contribue certainement à rendre
la contribution foncière plus onéreuse pour la
plupart des contribuables, c'est l'inégalité de
répartition, de laquelle il résulte que dans un
Département on ne paye que le sixième de son
revenu, tandis que dans un autre on paye le
quart ou même le tiers.

On s'est beaucoup occupé de remédier à
un vice aussi funeste; mais les efforts qu'on a
faits depuis le commencement du siècle jusqu'à
l'heureuse époque de la Restauration, n'ont pas
encore produit les résultats qu'on pouvait en
attendre. La route a bien été tracée; mais on
n'est pas encore arrivé à son terme.

C'est une tâche bien importante à remplir,
et ce sera un grand bienfait pour la France,
même un grand acte de justice, que de travail-
ler sérieusement à répartir la contribution foncière avec le plus d'égalité possible. Les moyens
en sont indiqués depuis longtemps, et sans
doute on a déjà recueilli beaucoup de matériaux précieux, dont la sagesse et l'amour pa-
ternel de Sa Majesté pour ses peuples, nous
garantissent qu'il sera fait un bon usage.

Art. I⁻ᵉʳ. *Contribution foncière.*

En principal. . . . . 172,000,000 f.

5o c. additionnels, comme il a été réglé pour 1816, par la loi du 28 avril; ci. 86,000,000

Il sera imposé, en outre, 5 c. pour les dépenses communales; 6 cent. pour tous frais de perception; et si besoin est, comme pour 1816, les 5 c. facultatifs accordés aux Départemens.

S. E. le Ministre des finances, dans son projet de budget pour 1816, avait proposé une subvention extraordinaire de la moitié du montant total des quatre contributions directes, ce qui aurait produit, pour la contribution foncière, 129 millions; mais il proposait en même temps d'en mettre moitié à la charge des fermiers et locataires : cette proposition n'a pas été adoptée.

Je ne reproduirai pas la proposition du Ministre des finances dans toute son étendue ;

258,000,000 f.

Report. . . 258,000,000 f.

mais je crois devoir en profiter,
et j'en userai avec beaucoup de
réserve.

Les propriétaires se trouvent
déjà considérablement grevés;
il me paraît juste et nécessaire
que les fermiers et locataires
supportent, dans les extrémités
fâcheuses où nous sommes réduits, une partie des charges
publiques; et c'est ce qui a eu
lieu déjà en 1813 et 1814.

Je crois donc devoir proposer
d'ajouter au principal de la contribution foncière, et aux divers
centimes additionnels ci-dessus
mentionnés, 25 autres centimes
du principal de cette contribution, lesquels seront à la
charge des fermiers et locataires. Quant aux biens-fonds
qui ne sont ni affermés ni loués,
ces 25 c. tomberont à la charge
des propriétaires.

Les 25 cent. dont il s'agit
font le quart du principal, et

258,000,000 f.

Report. . . 258,000,000 f.

seront employés au présent chapitre pour 43 millions; ils sont
donc de beaucoup inférieurs,
comme l'on voit, aux 64 millions 5oo,ooo fr. qui auraient
été à la charge des fermiers et
locataires, suivant la proposition du Ministre. Cependant, la
contribution foncière se trouvera portée à 3o1 millions, ce
qui fait le quart du revenu
présumé, non compris les 16
autres centimes additionnels
dont nous avons parlé, et qui
ne sont point portés en ligne
de compte; ci. 43,000,000

II. *Contribution Personnelle et
Mobiliaire.*

Elle est portée au budget de
1816, en principal, pour
27,289,ooo f., et en cent. additionnels, pour 16,373,4oo fr.

Comme notre situation ne
peut pas être améliorée en 1817,
et qu'au contraire, les charges
qui auront pesé sur l'exercice

—————————————

3o1,000,000 f.

Report. . . 3o1,000,000 f.

précédent , loin d'être diminuées, se trouvent encore aggra-
vées , on ne saurait proposer
aucune diminution sur le pré-
sent article; ci, en principal. .   27,289,000
  60 centimes additionnels. .   16,373,400

III. *Portes et Fenêtres.*

Il en sera de même pour les
portes et fenêtres ; nous les porterons, comme en la loi de
finances de 1816 ; savoir, en
principal, pour.   12,892,000
  Et 60 centimes additionnels,
pour.   7,735,000

IV. *Patentes.*

S. E. le Ministre des finances
n'avait demandé que le principal et 5 centimes additionnels ;
en tout, 16,187,000 fr.

Mais, par la loi du 28
avril, il a été établi, en outre,
110 autres centimes , montant
à 17,805,700 fr. ;, et le total de
cette contribution s'est trouvé

_____

365,289,400 f.

Report. . . . 365,289,400 f.

porté, pour 1816, à 33 millions 992,700 fr.

Il y a tout lieu de craindre que le recouvrement de cette somme totale n'ait souffert de très-grandes difficultés, et qu'il n'en résulte un déficit considérable.

Pour ne pas tomber dans un pareil inconvénient, et en même temps pour accorder au commerce et à l'industrie les ménagemens dont ils ont besoin, nous ne proposerons pour 1817, en sus du principal, que 10 centimes additionnels; c'est-à-dire, en tout. 16,957,600

Total du chapitre Ier. . . 382,247,000 f.

Sur quoi il faut déduire, pour pertes ou non valeurs, et en se rapprochant de la proposition faite à cet égard par S. E. le Ministre des finances, pour 1816, une somme de. . . . . 10,247,000 f.

Somme à porter au budget. 372,000,000 f.

CHAPITRE II.

CONTRIBUTIONS INDIRECTES.

S. E. le Ministre des finances, dans son rapport au Roi sur le budget de 1816, s'exprime ainsi :

« L'impôt indirect, par la variété de ses
» combinaisons, et surtout par cette propriété
» particulière qu'il a de se confondre dans le
» prix de la denrée, de s'identifier avec la
» jouissance ou le besoin du consommateur,
» a sur les autres contributions un avantage
» qui ne peut plus être contesté ».

Qu'il me soit permis d'ajouter quelques développemens à la suite du principe posé par le Ministre.

Les impôts modérés et proportionnels sur les consommations, sont les moins onéreux aux peuples ; ils sont les plus productifs, et ils sont les plus justes. Ils sont moins onéreux, parce qu'ils sont payés imperceptiblement et journellement, qu'ils sont le fruit de la volonté et de la faculté de consommer ; ils sont plus productifs, parce qu'ils atteignent tout le monde, et qu'ils s'étendent sur toutes les choses, même nécessaires, qui se consomment chaque jour ; enfin, ils sont les plus justes, parce que chacun y contribue à raison de ses facultés, et que ses consommations sont généralement proportionnées aux moyens qu'il a de consommer.

Les contributions directes ont cet inconvénient, qu'elles portent sur une recette présumée, et que cette recette n'a pas toujours lieu dans toute son intégrité ; qu'elle est sujette à des retards et à des pertes, tandis que les contributions indirectes frappent sur la dépense à mesure qu'on la fait, que l'on peut et qu'on veut la faire.

Les droits sur les consommations doivent embrasser, 1°. les denrées et marchandises du pays ; 2°. les denrées et marchandises étrangères. Il faut imposer le plus grand nombre d'articles possibles, pourvu que les choses soient d'un usage général ; il faut asseoir les taxes le plus près possible du consommateur, afin de ne pas nuire à l'agriculture qui est la source de tous les produits, ni à l'industrie qui les met en œuvre. A l'égard des droits qui sont de nature à ne pouvoir être assis que sur les fabricans et manufacturiers, ou sur les marchands en gros, il est indispensable de leur accorder des crédits, afin qu'ils aient le temps de vendre, et qu'ils puissent acquitter les droits.

Encore une condition bien essentielle pour les succès des impôts indirects, c'est que les

tarifs n'en soient pas trop élevés , parce qu'a-
lors ils nuisent à la consommation , et qu'ils
encouragent la fraude. Ces deux causes affai-
blissent considérablement les produits ; et c'est
une vérité presque triviale en finances , que 2
et 2 ne font pas toujours 4 , mais qu'ils se
réduisent quelquefois à 1. On l'a déjà éprouvé
pour les sels , puisque, comme on l'assure , le
droit de 4 décimes par kilogramme , en 1814,
n'a produit que 28 millions , tandis que 2 décimes , en 1812 et 1813 , avaient produit
40 millions dans ce qui compose le territoire
actuel de la France.

Je crains qu'il n'y ait excès sur beaucoup
d'articles dans les tarifs de 1816 , soit en ce
qui concerne les droits d'enregistrement , soit
pour ce qui regarde les objets de consommation ; mais il y a du remède , et si l'on a été
trop loin , si l'on a forcé la mesure , on est
toujours à temps pour rectifier , pour améliorer
ce qu'on a fait précédemment.

Le plus difficile , en matière d'impôts indirects , c'est le régime , le mode de perception.
Cette partie essentielle de l'administration ,
quant aux droits sur les consommations , avait
été singulièrement perfectionnée avant la révolution ; et il n'est pas difficile aujourd'hui de
saisir et de mettre en pratique tout ce qu'on

trouvera dans l'ancienne législation , ou dans les anciens réglemens , d'utile et de convenable, qui soit susceptible d'être appliqué au temps présent.

Les exercices sont, dans le régime des contributions indirectes, ce qu'il y a de plus fâcheux; et je pense qu'on doit tendre sans cesse à en simplifier les formes, à en adoucir les rigueurs. Je pense également qu'il importe beaucoup d'introduire et de multiplier les abonnemens autant qu'il sera possible; ils seront peut-être un peu moins productifs, dans ce sens que la fabrication et la consommation surpasseront les quantités présumées par les abonnemens; mais cette différence sera compensée, et bien au-delà, par l'anéantissement de la fraude. D'ailleurs, et c'est une très-grande considération, les citoyens seront moins inquiétés , moins tourmentés. Au surplus, les abonnemens étant annuels, on peut chaque année les changer, les modifier et les améliorer.

Un grand reproche que l'on fait au système des contributions indirectes, c'est que les frais de régie et de recouvrement en sont très-dispendieux : c'est un inconvénient sans doute, mais il est inévitable; et du moment que la nécessité de lever des contributions indirectes est généralement sentie et reconnue , il faut les

prendre avec les inconvéniens qui en sont in-
séparables.

Cependant, les frais de régie dont il s'agit
doivent être ordonnés avec sagesse et économie;
ils doivent être sévèrement restreints aux besoins
du service, soit pour le nombre d'agens stric-
tement nécessaires, soit pour la quotité des
traitemens et remises ou taxations. Avant la
révolution, suivant M. Necker, les frais de ré-
gie de la ferme générale étaient de 13 $\frac{1}{2}$ p. $\frac{0}{0}$;
ceux de la régie générale de 16 $\frac{1}{2}$, et ceux de
l'administration des domaines de 12 $\frac{1}{2}$.

On serait fondé à croire qu'aujourd'hui les
frais de régie des diverses contributions indirectes, à l'exception seulement des douanes (1),
ne devraient pas excéder ceux que nous venons
de citer; que même, ils seraient plutôt susceptibles de quelques diminutions. Mais il faut

---

(1) Les douanes sont une institution plus politique
que fiscale; elles ont pour objet de régler le commerce extérieur pour les importations et exportations,
dans l'intérêt de l'agriculture et de l'industrie natio-
nales; elles sont chargées de l'exécution des mesures
relatives à la police des grains; et sous ces divers
points de vue, qui prouvent la nécessité de les maintenir, on est dispensé de comparer, à leur égard, les
produits de cette branche d'impôts avec les frais de
régie qu'elle peut occasionner.

considérer que plus une administration de
finances a de perceptions à faire, moins elle
dépense proportionnellement en frais de régie ;
et qu'ainsi, pour prendre un exemple, l'administration des contributions indirectes dé-
pensera tout au plus 15 p. $\frac{0}{0}$ en frais de régie,
pour une recette de 120 à 150 millions ; tandis
que, pour une recette de 60 à 80, ses frais de
régie se seraient élevés à 20 ou 25 p. $\frac{0}{0}$, et
peut-être au-delà.

Au surplus, je crois qu'il faut s'en rapporter
entièrement à la sagesse du Gouvernement, pour
tout ce qui concerne l'organisation des régies
et administrations de finances, ainsi que pour
les frais de perception et recouvrement des impôts ; il me semble que ces détails ne sont point
du domaine de la législation ; mais qu'ils appar-
tiennent exclusivement au Monarque, comme
revêtu seul de la puissance exécutrice.

Je crois même que, dans les lois relatives aux
impôts indirects, on doit se borner à détermi-
ner et à spécifier la nature des impôts et leur
quotité, à régler les tarifs et arrêter quelques
bases principales, quelques dispositions géné-
rales ; mais tous les moyens d'exécution, toutes
les mesures et dispositions secondaires, me paraissent devoir être laissés au Gouvernement.

ADMINISTRATION DE L'ENREGISTREMENT ET DES DOMAINES.

Art. Ier.

Les produits de cette administration sont portés, dans la loi sur les finances du 28 avril 1816, à 140 millions; savoir, 114 millions pour les droits déjà établis et maintenus par la loi, et 26 millions pour augmentations de droits à percevoir en 1816 sur le timbre et l'enregistrement.

On peut craindre, abstraction faite de l'émission et promulgation tardives du budget, que les produits dont il s'agit n'aient pas atteint à beaucoup près en 1816 la somme à laquelle on les a évalués; on peut craindre aussi pour 1817 un résultat semblable; et d'ailleurs, il est possible que l'on juge à propos d'apporter quelques diminutions aux tarifs de 1816. Par ces considérations, je ne porterai le présent article de recette que pour 120 millions; ci. . . . . 120,000,000 f.

II. *Bois et Forêts du Domaine public.*

Ils ont été compris au budget de 1816 pour 20 millions, et je les porterai à la même somme pour 1817; ci. 20,000,000
_____

140,000,000 f.

Report. . . 140,000,000 f.

III. *Administration des Contributions indirectes, ou Droits généraux réunis, et des Tabacs.*

S. Exc. le Ministre des finances, dans son rapport sur le
budget de 1816, avait évalué
les produits de cette administration à 110 millions, non
compris les tabacs.

Mais le Ministre, indépendamment des droits déjà existans et qui étaient évalués à
60 millions, avait proposé l'é-
tablissement de sept nouveaux
impôts indirects, consistant en
ce qui suit :

1°. Le privilége exclusif de
la fabrication et vente des cartes
à jouer ;

2°. Droits sur les fers ;

3°. Droit de marque sur les
cuirs et peaux ;

4°. Droits sur la fabrication
des huiles ;

5°. Droits sur les papiers ;

140,000,000 f.

Report. . . 140,000,000 f.

6°. Droits sur les draps et toiles;

7°. Droits sur le transport des marchandises.

Ces nouveaux impôts, dont le produit était évalué à 5o millions, n'ont pas été adoptés. On s'est borné, par la loi du 28 avril, à accorder quelques augmentations sur les droits anciens, et on a porté le produit des contributions indirectes au budget de 1816 pour 67 millions.

J'en ai dit assez, en tête du présent chapitre, sur les impôts indirects, pour qu'on ne soit pas surpris de me voir demander l'établissement de tous les nouveaux droits proposés par le Ministre des finances pour 1816; j'en excepterai néanmoins celui sur le transport des marchandises, pour lequel je partage toute la répugnance manifestée par M. Bricogne, et

140,000,000 f.

Report. . . 140,00,000 f.

dont il a si bien développé les motifs.

Tous les autres droits frappent sur des objets d'un usage général; ils sont déjà connus, et ils existaient pour la plupart avant 1789; leur régime, leur perception sont généralement les mêmes que pour les droits actuellement existans, et les frais de recouvrement de la masse totale seront dans une proportion bien moindre que par le passé.

Ces droits nouveaux réunissent donc, à mon avis, toutes les conditions nécessaires pour être adoptés; et il y a d'ailleurs une grande considération qui me paraît décisive, c'est la nécessité.

J'évaluerai les nouveaux droits seulement à 40 millions, distraction faite de celui sur le transport des marchandises; quant aux anciens droits, je

140,000,000 f.

Report. . . . 140,000,000 f.

m'en tiendrai, pour éviter des mécomptes, à l'évaluation de 60 millions faite par le Ministre. En conséquence, je porterai, dans le présent chapitre, la recette des contributions indirectes pour 100 millions; ci. 100,000,000

IV. *Tabacs.*

Quoique les tabacs soient compris dans les attributions de l'administration des contributions indirectes, on est dans l'usage d'en faire un article à part.

Le produit des tabacs avait été porté au budget de 1815 seulement à 30 millions; S. E. le Ministre des finances l'avait évalué pour 1816 à 37 millions, et par la loi du 28 avril, il est porté pour 38 millions.

Il est probable que la consommation actuelle du tabac en France doit s'élever au moins à 25 millions de livres pesant,

240,000,000 f.

3 *

Report. . . 240,000,000 f.

ou 12 millions et demi de kilo-
grammes; cependant, la quantité fabriquée et vendue pour le
compte du Gouvernement , est
de beaucoup inférieure à la consommation réelle. Il n'y a pas
de doute que cette différence
provient du prix très-élevé du
tabac, et de la très-grande activité de la fraude : ce sera
donc une question importante
à examiner par la suite , s'il ne
serait pas convenable, et dans
l'intérêt du trésor royal, et dans
celui des consommateurs , de
baisser les prix des tabacs.

Mais, quant à présent, je suis
d'avis de laisser les choses dans
l'état où elles sont; et cependant, je ne crois devoir porter le
produit des tabacs, pour 1817,
qu'à 35 millions; ci. 35,000,000

275,000,000 f.

Report. . . 275,000,000 f.

ADMINISTRATION DES DOUANES ET DES SELS.

V. Douanes.

Les produits des douanes sont évalués, dans la loi de finance du 28 avril, à 40 millions, y compris les augmentations proposées par le Ministre des finances.

Si les tarifs de 1816 sont maintenus en 1817, et si l'on n'a pas éprouvé de déficit sur la recette présumée pour la présente année ; je ne trouve pas d'inconvénient à comprendre le présent article, dans les recettes de 1817, pour 40 millions ; ci. 40,000,000

VI. Sels.

Il n'existe point de monopole pour les sels ; ils sont seulement sujets à un droit d'extraction ; qui est fixé à 3 décimes par kilogramme. Les produits de ce droit ont été évalués aux bud-

315,000,000 f.

Report. . . . 315,000,000 f.

gets de 1815 et de 1816 à 35 millions ; et s'il était possible de réprimer entièrement la fraude, ils seraient encore plus considérables.

Tout porte à croire qu'il n'y a aucun déficit à craindre sur cet article de recette, et il doit figurer dans les recettes de 1817 pour 35 millions ; ci.   35,000,000

Total du chapitre II. . . 350,000,000 f.

CHAPITRE III.

POSTES, LOTERIE, SALINES DE L'EST, ET RECETTES DIVERSES.

Art. Ier. *Postes.*

On ne voit aucun motif pour hésiter à porter cet article au budget de 1817 pour 14 millions, comme il l'a été dans les budgets précédens ; ci. . . . .   14,000,000 f.

II. *Loterie.*

Ce genre d'impôt est variable dans ses produits ; il n'est porté au budget de 1816 que pour 7 millions, et il

14,000,000 f.

Report. . . . 14,000,000

pourrait devenir plus produc-
tif en 1817 ; cependant nous
ne l'emploierons que pour la
même somme de 7 millions ;
ci. 7,000,000

III. *Salines de l'Est.*

Elles sont affermées, et le
prix du bail est fixé à 2 mil-
lions ; ci. 2,000,000

IV. *Recettes diverses et acci-dentelles.*

Elles sont portées au budget
de 1816 pour 6 millions. Ne
connaissant pas bien les élémens dont se composent ces
recettes, je pourrais craindre
qu'elles n'éprouvassent en 1817
quelque diminution ; mais à
raison de leur diversité et de
leur éventualité, elles peuvent
aussi être susceptibles d'augmentation. En conséquence, je
porterai cet article, comme
en 1816, pour 6 millions ; ci.   6,000,000

Total du chapitre III. . . . 29,000,000 f.

Récapitulation des Recettes ordinaires.

Chap. Ier. Contributions directes. . . . . . 372,000,000 f.

Chap. II. Contributions indirectes. 350,000,000

Chap. III. Postes, Loterie, etc. 29,000,000

Total des Recettes ordinaires. 751,000,000 f.

Recettes extraordinaires.

Art. 1er. Retenues sur les traitemens; elles sont fixées, par la loi de finances du 28 avril, à 13 millions pour 1816, et elles seront portées ici pour la même somme ; ci. . 13,000,000 f.

2. Abandon fait par le Roi sur sa liste civile, et par les Princes de la Famille Royale, au profit des départemens pour 1816; ci, pour 1817 10,000,000

3. Recouvremens à faire sur les biens des communes et sur les bois du domaine public, qui ont été aliénés en vertu de la loi du 23 septembre 1814.

Nous présumons que tout ce qui restait à recouvrer sur ces deux objets, est compris dans les

23,000,000 f.

Report. . . . 23,000,000 f.

recettes extraordinaires du budget de 1816, et qu'ainsi, elles n'offrent plus rien d'applicable au budget de 1817. Cependant, comme nous pourrions être dans l'erreur à cet égard, nous tirerons le présent article pour mémoire; ci. . . . . *Mémoire.*

Total des Recettes extraordinaires. . . . . 23,000,000 f.

Recettes ordinaires. 751,000,000
Recettes extraordinaires. . . 23,000,000 f.

Total des Recettes de 1817.. 774,000,000 f.

Balance des Recettes et des Dépenses.

Dépenses. . . . . 875,500,000 f.
Recettes. 774,000,000

Déficit. . . . . 101,500,000 f.

On a pu voir, dans tout ce qui précède, que, d'une part, les dépenses n'ont point été exagérées, et que dans leur évaluation, on s'est exactement conformé aux vues d'économie qui animent le Gouvernement, et qu'il a manifestées à l'occasion du budget de 1816. D'un autre côté, on a pu se convaincre, pour ce qui regarde les recettes, qu'elles ont été portées au plus haut point qu'elles soient susceptibles d'atteindre ; et que, si l'on prétendait les élever davantage par des augmentations quelconques, ce serait non-seulement tenter l'impossible, mais encore, que l'on compromettrait le sort des recettes principales.

Cependant, voilà sur l'exercice de 1817 un déficit de 101,500,000 fr. ; et ce déficit sera augmenté dans les années suivantes de la partie de la dette publique non encore liquidée, qui ne figure pas dans les dépenses de 1817, et qui s'élève, d'après nos aperçus, à 22,700,000 f.

Ainsi, le déficit sur 1818 et années postérieures, sera de 124 millions, en supposant toutefois qu'il n'y ait pas de mécompte sensible dans les recettes que l'on espère, et qu'il n'y aurait aucun surcroît de dépenses inattendues.

Cette perspective serait bien triste, si l'on était dénué de toutes ressources ; mais nous l'avons dit déjà, la France en offre encore de grandes ; il s'agit de les chercher, de les indiquer, et c'est ce que nous allons essayer de faire.

FIN DE LA PREMIÈRE PARTIE.

SECONDE PARTIE.

RESSOURCES EXTRAORDINAIRES,

OU

MOYENS D'ASSURER, EN 1717, LA LIBÉRATION TOTALE DE L'ÉTAT ENVERS LES PUISSANCES ÉTRANGÈRES.

IL n'est personne, sans doute, qui ne désire très-ardemment de voir la France libérée, puissante et respectable ; mais il faut embrasser le présent et l'avenir, afin de nous délivrer le plus tôt qu'il sera possible des charges accablantes qui pèsent sur nous, et qui se prolongeraient peut-être bien au-delà des cinq années fixées par les traités, si l'on ne se hâtait de prendre des mesures salutaires et décisives. On sentira, d'ailleurs, qu'en ne se bornant pas à l'exercice de 1817, et en étendant ses vues sur les années suivantes, on aura l'avantage inappréciable de faire cesser toutes les inquiétudes pour l'avenir ; de donner au Gouvernement la sécurité, la force dont il a besoin; et aux citoyens l'espérance, ce rayon céleste qui cicatrise les plaies et fait oublier tous les maux.

Il faut donc pourvoir, dès-à-présent, 1°. au
déficit de 1817, qui est de. . 101,500,000 f.

2°. A celui de 1818, qui
sera de 124 millions, dans la
supposition que le budget en
sera établi sur les mêmes bases
que celui de l'année précé-
dente; ci. . . . . 124,000,000(*)

3°. Au paiement du qua-
trième et du dernier cinquième
de la contribution de guerre
de 700 millions, à raison de
140 millions pour chacun; ci. 280,000,000

Le deuxième cinquième est
porté au budget de 1817, et le
troisième serait compris dans
celui de 1818.

Ainsi, le total des besoins
extraordinaires auxquels il s'a-
git de pourvoir présentement,
s'élève à la somme de. . . . 505,500,000

Je ne comprends pas, comme l'on voit, dans

_____

(1) Les ressources et les moyens que j'ai à proposer,
ne devant produire tout leur effet qu'à compter de 1819,
je n'ai pas pu en faire l'application à l'exercice de 1818,
et j'ai dû traiter ce dernier exercice comme celui qui
le précède.

les besoins extraordinaires, les frais d'entretien des cent cinquante mille hommes de troupes étrangères qui occupent une partie considérable de notre territoire, pour ce qui concerne les années 1819 et 1820, parce que, suivant l'article 5 du traité du 20 novembre 1815, cette occupation peut finir au bout de trois ans, si alors elle n'est plus jugée nécessaire.

Or, si la contribution de guerre est acquittée exactement dans les trois premières années, et si, d'ailleurs, on fournit aux Puissances étrangères toutes les valeurs, sûretés et garanties qu'elles pourront désirer pour les deux derniers cinquièmes de cette contribution, il y a tout lieu de croire que l'évacuation de notre territoire à l'époque du 1er. janvier 1819, au plus tard, ne pourra souffrir aucune difficulté, et qu'alors nous serons déchargés, pour les deux dernières années, des frais d'entretien des cent cinquante mille hommes, c'est-à-dire, de 260 millions. Nous aurons de plus la satisfaction bien douce de voir notre pays entièrement affranchi, et les habitans de nos provinces du nord et de l'est, soulagés des charges extraordinaires qu'occasionne nécessairement la présence d'un si grand nombre de troupes étrangères.

Il importe donc beaucoup, je ne dirai pas

seulement pour l'honneur du nom français
et pour la gloire de notre auguste Monarque,
mais pour notre propre intérêt, pour notre li-
berté et notre indépendance, pour le main-
tien de la paix au dedans et au dehors, pour
notre bonheur, en un mot, qu'il soit adopté,
dans la session prochaine des Chambres, un
plan de finances assez étendu et assez bien
conçu pour suffire à tous nos besoins extraordinaires.

Chez toutes les nations de l'Europe, un débiteur est soumis à l'exercice de tous les droits
que la loi donne à son créancier ; il peut être
contraint par la saisie et la vente de tous ses
biens, meubles et immeubles, même, dans
certains cas, par l'emprisonnement de sa personne.

Or, il est incontestable que la Nation française est débitrice envers les Puissances étrangères, 1º. d'une contribution de guerre de
700 millions; 2º. de l'entretien de cent cinquante mille hommes pendant trois ou cinq
ans, à raison de 130 millions par an.

Il n'est pas moins certain que tous les sujets
de la Monarchie française sont personnellement
obligés envers ces Puissances pour toutes les
stipulations contractées à leur profit, et que,
rigoureusement parlant, ils seraient individuel-

lement contraignables par les mêmes voies que
le serait un débiteur ordinaire de la part de
son créancier.

Mais il faut ajouter que les Souverains étrangers, dont nous sommes les débiteurs, ont non-
seulement à exercer contre nous les droits d'un
créancier ordinaire, mais qu'ils ont de plus
tout l'appareil de la puissance pour les faire
valoir; qu'ainsi, faute par nous de remplir très-
exactement nos engagemens, ils pourraient, si
telle était leur volonté, et s'ils n'étaient arrêtés
par aucune considération, faire une nouvelle
invasion, nous exécuter militairement, etc. etc.

Il est donc bien évident que toute la Nation
française a le plus grand intérêt à ce qu'il soit
pris, dès-à-présent, des mesures suffisantes
pour assurer notre libération entière.

Maintenant, et avant d'exposer mes vues sur
les moyens que j'ai conçus, je vais parcourir
rapidement ceux qui ont été employés dans
différens temps, qui pourraient être reproduits
aujourd'hui, et qui me paraissent inadmissibles.

CHAPITRE PREMIER.

MOYENS DÉJA CONNUS, ET QUI SERAIENT AUJOURD'HUI
IMPRATICABLES OU INADMISSIBLES.

1. L'émission d'un papier-monnaie, ou sous un autre titre, d'effets quelconques qui auraient un cours forcé.

2. Des emprunts volontaires, ou des créations de rentes, comme on a fait pour le service de 1816.

3. Un emprunt forcé, ou des avances exigées sur les notables et plus fort imposés.

4. Un impôt progressif.

5. Des traités avec des compagnies de finance, pour des avances de fonds sur les contributions indirectes.

6. Envoi de l'argenterie des particuliers aux hôtels des monnaies.

Voilà, en substance, les principaux moyens dont on a fait usage dans tous les temps, et que, peut-être, des personnes sensées et très-bien intentionnées voudraient reproduire aujourd'hui.

Papier-monnaie. Je n'ai pas besoin de m'étendre beaucoup sur la création d'un papier-monnaie. D'abord, il ne serait pas reçu en paiement par les Puissances étrangères, ni par ceux de leurs sujets qui sont créanciers de l'État; il serait également repoussé dans toutes les relations extérieures et commerciales.

En second lieu, ce serait le Gouvernement qui, le premier, mettrait un papier-monnaie dans la circulation, en le donnant en paiement à ses créanciers ; mais ensuite tous les débiteurs de l'État le verseraient dans les caisses publiques, et on ne verrait plus d'espèces métalliques. Alors, le Gouvernement se trouverait dans l'impossibilité absolue de s'acquitter envers l'Étranger.

En troisième lieu, ce papier perdrait nécessairement beaucoup contre le numéraire ; il faudrait le multiplier à l'infini ; il n'aurait qu'une existence éphémère, et en très-peu de temps il tomberait à zéro.

Quant aux emprunts volontaires, tels qu'ils se pratiquaient avant la révolution, il arrivera sans doute un temps où un semblable moyen pourra être employé avec succès ; mais je le crois aujourd'hui impraticable. A la vérité, on a trouvé un mode qui remplace ces emprunts volontaires, c'est de créer des rentes et de les mettre sur la place, comme on a fait pour compléter le service de 1816 ; mais c'est un expédient ruineux qui fait baisser les rentes, qui neutralise la caisse d'amortissement, et par le moyen duquel on emprunte aujourd'hui à

Emprunts volontaires.

'9 p. ⁰⁄₀, demain à 1o, et ainsi de suite. D'ailleurs,
je suppose que dans le cours d'une année on
puisse se procurer ainsi 5o millions de numéraire, comment trouvera-t-on cent ou deux
cents millions dont on aura besoin ?

Emprunts for-cés. — Les emprunts forcés sont une mesure violente
et souverainement injuste : on en a l'expérience.
Si cependant on était tenté de recourir à une
pareille mesure, ce ne pourrait être que pour
une somme fort considérable, car autrement
cela ne remédierait à rien ; mais dans ce cas,
l'emprunt n'en serait que plus vexatoire et d'une
exécution tellement difficile, que la mesure
serait sans succès.

Qu'il me soit permis, à cette occasion, de
rapporter un trait que l'on trouve dans l'histoire de nos finances : en 1715, les finances du
Royaume étaient dans le plus grand désordre, et
l'on était aux expédiens. Il fut proposé, dans le
conseil de S. A. R. le Prince Régent de France,
d'exiger des notables de chaque paroisse,
qu'ils fissent l'avance des impositions directes,
pour une ou plusieurs années : la mesure proposée fut rejetée, comme violente et injuste.

Impôt pro-gressif. — Un impôt progressif serait également impraticable, surtout lorsque les autres impôts de
toute nature sont déjà portés à leur maximum.
D'ailleurs, sur qui et sur quoi établirait-on cet

impôt progressif, dans quelles proportions, quelle en serait la quotité?

Un grand principe en matière de contributions, c'est qu'elles soient réparties également : or, un impôt progressif rompt cette égalité; il est en même temps sujet à une foule d'inconvéniens, fait naître mille injustices, et entraîne les plus grandes difficultés dans son exécution. Je ne connais qu'une progression admissible en finance, c'est celle de la retenue qui a été opérée sur les traitemens.

Dans tous les temps on a traité avec des compagnies de finance pour le recouvrement des impôts : ces compagnies faisaient au Gouvernement des avances de fonds dont ils étaient remboursés à l'expiration de leurs traités, et on leur faisait des avantages plus ou moins considérables. Les traités dont il s'agit ont été pendant longtemps fort onéreux pour le trésor royal, et encore plus pour les contribuables. Mais, sous le règne de Louis XVI, la théorie de ces traités s'était singulièrement perfectionnée ; les compagnies de finance fournissaient des avances fort considérables, elles n'avaient que des bénéfices très-modérés, et il n'y avait pas d'abus.

Compagnies de finance.

Il existait, à l'époque de la révolution, trois compagnies de finance : la ferme générale, la

4 *

régie générale des aides et droits réunis, et l'administration des domaines. La masse totale des
perceptions qui leur étaient confiées, s'élevait
à 260 millions net, et leurs fonds d'avance
étaient, pour les trois compagnies, de 120 millions.

Que si l'on avait la pensée de rétablir aujour-
d'hui des compagnies financières à l'instar de
celles qui existaient en 1789, on aurait sans
doute un beau champ pour s'exercer, puisque
nos contributions indirectes pourront s'élever,
à partir de 1817, en y comprenant les bois de
l'Etat, les postes et la loterie, à un produit
net de 373 millions. Alors, si l'on pouvait trouver des compagnies qui voulussent traiter aux
mêmes conditions que les anciennes, on se
procurerait une bien grande ressource, puisque
les fonds d'avance des nouvelles compagnies,
calculés dans la même proportion que ceux des
anciennes, produiraient au moins 150 millions.

Mais le moment n'est point encore arrivé de
faire cette grande opération, si toutefois on
vient un jour à juger qu'elle soit nécessaire, et
qu'on n'y trouve pas d'inconvéniens. Elle ne
pourrait être tentée avec succès, qu'à la suite du
système de finances qui sera adopté pour 1817;
pourvu que ce système procure la libération de
l'Etat, et l'évacuation des troupes étrangères à

une époque rapprochée ; pourvu qu'il assure la tranquillité publique, et qu'il inspire une confiance générale.

Nous ne pouvons donc, quant à présent, faire entrer dans les ressources praticables, le projet de rétablir des compagnies de finance, et de leur demander des fonds d'avance.

On a, dans différens temps, exigé des particu- Argenterie des liers qu'ils envoyassent leur argenterie aux hô- particuliers. tels des monnaies ; et la valeur, suivant le poids et le titre, leur en était payée en rentes sur l'Etat. C'est une mesure violente, qui ne frappe que sur un petit nombre de citoyens, qui excite toujours beaucoup de mécontentemens, qui est fort mal exécutée, et dont les résultats sont presque toujours insignifians. Cette dernière mesure est donc inadmissible.

CHAPITRE II.

EXPOSÉ DES RESSOURCES ET MOYENS EXTRAOR-
DINAIRES POUR ASSURER, DÈS 1817, LA
LIBÉRATION DE L'ÉTAT ENVERS LES PUISSANCES
ÉTRANGÈRES.

Ce ne sont pas seulement les revenus de l'Etat qui sont engagés envers les Puissances étrangères pour l'acquittement de ce qui leur est dû, car ils seraient insuffisans ; elles ont encore, dans le fait et dans le droit, pour gage, pour sûreté et garantie, toutes nos propriétés et nos capitaux.

Le Gouvernement français s'est obligé envers les Puissances; mais dans la position très-extraordinaire où nous nous trouvons, ce n'est pas le Roi qui doit; c'est le corps de la Nation. Le Roi est en quelque sorte étranger à la dette; elle est personnelle et directe à tous les Français.

Or, les revenus de l'Etat étant insuffisans pour acquitter la dette dont il s'agit, il est d'une nécessité indispensable d'y suppléer par des moyens extraordinaires. Il faut que chacun de nous se pénètre bien que nous sommes collectivement et individuellement dans la position d'un débiteur, dont les biens peuvent être saisis et vendus par son créancier, à défaut de paiement.

Nos propriétés et nos capitaux étant le gage des sommes dues à l'étranger, ce sont donc ces propriétés et ces capitaux qui doivent nous fournir les moyens de nous acquitter.

Ces principes sont sévères, sans doute, et ils ont en apparence quelque chose d'effrayant; mais que l'on se rassure sur leur application : elle n'aura rien de violent, d'injuste ni de vexatoire.

Notre but est de faire concourir, dans les

mesures qui nous paraissent nécessaires, dans
les sacrifices que nous avons à proposer, toutes
les propriétés territoriales, et tous les capitaux
qui sont susceptibles d'être atteints.

Cette manière de procéder est essentiellement
juste; car il répugnerait au bon sens et à l'é-
quité, qu'une classe de citoyens fût épargnée,
tandis que les autres classes seraient traitées
avec rigueur. D'ailleurs, on sait fort bien que
lorsque les charges publiques sont supportées
par tous les membres de la société, non-seulement elles sont moins pesantes pour chacun
d'eux, mais encore qu'on les supporte avec beaucoup plus de résignation.

Ainsi, la matière sur laquelle je me propose
d'opérer, et que par cette raison j'appelerai la
matière imposable, est très-vaste; conséquemment, elle offre de plus grandes ressources;
elle consiste en ce qui suit :

1°. Toutes les propriétés particulières du
Royaume, et sujettes à l'impôt foncier, en y
comprenant les biens et les bois des communes :
je crois pouvoir évaluer ce premier article, à
raison d'un produit net de 1200 millions par
an, à 24 milliards; ci. . 24,000,000,000 f.

2°. Les créances hypo-
thécaires assises sur les pro-

———————————

24,000,000,000 f.

Report. . . 24,000,000,000 f.

priétés composant l'article ci-dessus, et que j'évaluerai, par conjecture, au sixième, c'est-à-dire à 4 milliards ; ci. 4,000,000,000 (1)

3º. Les rentes sur l'Etat, tant perpétuelles que viagères, dont le capital total, en y comprenant les parties qui auront été inscrites en 1816, peut s'élever environ à 2 milliards 500 millions ; ci.   2,500,000,000

4º. Les bois et forêts de l'Etat, consistant en 1260 mille hectares, que j'estime à raison de 600 fr. l'hectare seulement, à 756 millions ; ci.   756,000,000

Je ne porte point en ligne de compte les autres

—————————
31,256,000,000 f.

—————————

(1) Le plus ou le moins d'exactitude dans cette évaluation sont, dans notre système, une chose fort indifférente en elle-même, et qui n'influe en rien sur la solidité de nos bases.

Report. . . 31,256,000,000 f.

propriétés foncières dépendantes du domaine pu-
blic, parce que je n'ai pas
de renseignemens suffisans
à cet égard, et que, d'ailleurs, je les crois trop peu
productives pour mériter
de figurer ici.

La masse totale de la
matière imposable s'élève,
comme l'on peut voir, à. . 31,256,000,000 f.

C'est donc sur 31 milliards de propriétés
foncières et de capitaux, qu'il s'agit de lever
une somme de 505 millions, à laquelle se
montent nos besoins extraordinaires.

S'il n'était question que de faire une répartition au marc le franc, la contribution à lever
serait du soixantième; mais il n'est pas possible de procéder de cette manière.

D'abord, pour obtenir 505 millions net, il
faut avoir à recouvrer une somme supérieure
pour se couvrir tant des frais de régie et de
perception, que des pertes et non valeurs; et
en même temps, il nous a paru prudent, même
nécessaire, de porter le net des recettes ou produits de nos moyens extraordinaires, à une

(58)

somme supérieure à celle des besoins ; soit pour ne pas compromettre le succès d'une aussi grande opération, soit pour se ménager un fonds de réserve pour des cas et des événemens imprévus.

En second lieu, nous ne pouvons pas opérer d'une manière uniforme pour les propriétaires et pour les créanciers de l'État ; nous avons aussi des vues particulières à proposer pour ce qui concerne les bois et forêts dépendans du domaine public.

§ PREMIER.

Taxe de guerre sur les Propriétés territoriales.

Toutes les propriétés du Royaume, sujettes à l'impôt foncier, ont été évaluées par nous à 24 milliards, et les créances hypothécaires à 4 milliards. C'est dans ces deux articles réunis et confondus en quelque sorte, que nous espérons trouver les plus grandes ressources, et ce sont eux qui contribueront pour la plus grande partie aux fonds extraordinaires dont nous avons besoin.

Nous proposons de lever sur toutes les propriétés territoriales, biens-fonds et immeubles quelconques, une contribution extraordinaire que nous nommerons *taxe de guerre*, parce qu'elle est particulièrement destinée à acquitter

une grande partie de la contribution de guerre
de 700 millions.

Nous pensons que cette taxe doit être portée
à 516 millions, qui font la quarante-huitième
partie du capital des propriétés territoriales ;
elle sera triple du principal de la contribution
foncière qui est actuellement fixé à 172 millions, et nous entendons que les créanciers hypothécaires soient tenus d'y contribuer dans la
proportion de leurs créances avec.la valeur capitale des biens hypothéqués.

La gêne qu'ont éprouvée les propriétaires
depuis plusieurs années, et qu'ils éprouveront
encore quelque temps, ne permet pas d'espérer qu'il soit possible de recouvrer promptement le montant de cette taxe ; on peut craindre
même qu'il ne soit très-difficile de la percevoir
en numéraire dans les années 1817 et 1818,
parce que ces deux années se trouveront déjà
extrêmement chargées. Pour obvier à ces inconvéniens, et en même temps pour procurer
au Gouvernement des ressources promptes et
actuelles, nous avons imaginé de faire admettre
en paiement de la taxe, des portions de biens-
fonds, qui seraient abandonneés au Gouvernement, et feraient alors partie du domaine public. Nous expliquerons plus loin l'usage que

le Gouvernement pourra faire des propriétés à lui abandonnées.

Ce mode de paiement est facultatif pour la plupart des contribuables ; il n'a pas été possible d'accorder la même faculté à tous , parce qu'il y a deux classes, pour lesquelles la mesure des abandons n'était pas praticable ; mais on a cherché à leur rendre plus facile le paiement de leurs taxes, par la longueur des délais qu'on leur accorde.

Pour donner à nos idées un plus grand développement, et pour les rendre plus sensibles , nous allons présenter une série d'articles contenant les dispositions principales.

Art. 1er. Il sera levé sur toutes les propriétés foncières du Royaume , une taxe de guerre triple du principal de la contribution foncière, fixé à 172 millions; en conséquence , ladite taxe sera portée à 516 millions ; elle sera répartie sur tous les propriétaires d'après les matrices des rôles ; il en sera fait un rôle particulier dans chaque commune , et sur ce rôle, chaque cote sera portée au triple du principal de la contribution foncière , sans aucuns centimes additionnels.

2. La taxe de guerre ne sera point exigible en argent, sauf les exceptions portées aux articles 10 et 11 ci-après.

3. Les contribuables, pour s'acquitter de leurs taxes, seront autorisés à céder et abandonner au Gouvernement une portion de leurs propriétés, et ils seront tenus de faire cet abandon dans le mois de la remise qui leur aura été faite des extraits des rôles, en ce qui les concerne.

Les portions abandonnées devront être d'une valeur au moins égale au montant des cotes; elles seront estimées au denier vingt, d'après le revenu présumé, et en évaluant le revenu au quintuple du principal de la contribution foncière.

4. Les abandons faits par les contribuables seront vérifiés et acceptés par l'administration des domaines. Après cette acceptation, les propriétés abandonnées feront partie du domaine public, et elles seront à la disposition du Gouvernement, qui pourra les engager, les vendre et aliéner.

5. Les contribuables auront la faculté de ne faire qu'un seul acte d'abandon, pour l'acquittement de toutes leurs cotes réunies dans une même commune, ou dans un même canton.

6. Les contribuables qui préféreront de payer la taxe en argent, seront tenus d'en faire le paiement par tiers, en trois termes, savoir:

le premier au 1er. avril 1817; le second au
1er. janvier 1818; et le troisième au 1er juillet
de la même année (1).

. 7. Les communes seront imposées à la taxe
de guerre pour raison de leurs bois et autres
propriétés communales; elles détermineront en
conseil municipal les propriétés qui seront par
elles abandonnées en paiement de leurs taxes;
et les délibérations qu'elles prendront à ce sujet
seront, après l'avis des sous-préfets, soumises
à l'approbation des préfets.

A l'égard des communes qui préféreront d'acquitter leurs taxes en argent, elles se confor-
meront aux dispositions de l'article 6.

8. Les hypothèques, inscriptions et priviléges
existant sur les propriétés abandonnées au Gouvernement, seront restreintes ou transportées
sur les autres biens des contribuables : en consé-

---

(1) On trouvera peut-être étrange que ces délais ne
soient pas les mêmes que ceux fixés plus bas par les
articles 10 et 11, mais il faut considérer que la position des contribuables n'est pas la même dans un cas
que dans l'autre : ceux que l'on a en vue dans l'article 6,
ont la faculté de choisir entre deux modes de paiement;
tandis que les autres ne peuvent payer qu'en numéraire.
D'ailleurs, il importe beaucoup pour le Gouvernement,
et il est peut-être plus avantageux pour lui d'avoir
promptement des valeurs réelles en biens-fonds, que
d'attendre des rentrées trop éloignées.

quence, ces propriétés seront vendues par le Gouvernement franches et quittes de toutes dettes, hypothèques, priviléges et inscriptions.

9. Les contribuables, soit qu'ils acquittent leurs taxes en argent, soit qu'ils se libèrent en immeubles, seront autorisés à répéter sur leurs créanciers hypothécaires, une partie proportionnelle de la taxe, et relative au montant des créances; de manière que, si les créances sont dans la proportion du cinquième de la valeur capitale des immeubles hypothéqués, elles supporteront un cinquième de la taxe.

Cette répétition sera exercée par forme de déduction, soit sur le principal de la créance, soit sur les intérêts, au choix des contribuables.

10. Les contribuables, dont les taxes réunies dans une même commune, ou dans un même canton, ne s'élèveront pas à la somme de 100 fr., seront tenus de les acquitter en argent en douze termes et paiemens égaux, de trois mois en trois mois, savoir : le premier terme au 1er. avril 1817; le second terme, au 1er. juillet suivant; et ainsi de trimestre en trimestre jusqu'au 1er. janvier 1820, échéance du douzième et dernier terme (1).

_____

(1) Si l'on admettait des portions quelconques d'immeubles en paiement des petites taxes, ces parties

11. Les contribuables qui ne possèdent que des maisons et usines, ou autres propriétés tellement indivisibles, qu'il ne puisse s'en détacher aucune portion en paiement de leurs taxes, et qui, d'ailleurs, ne posséderont aucune autre propriété susceptible d'être admise en paiement, seront pareillement tenus d'acquitter leurs taxes en argent, et dans les termes fixés par l'article 10 (1).

12. Lors des ventes qui seront faites des propriétés abandonnées par les contribuables, si le prix des ventes excède le montant de la taxe, il leur sera tenu compte de l'excédant, sauf la déduction de 5 p. $\frac{o}{o}$ pour les frais de régie, de vente et de recouvrement.

13. Ne seront point sujets à la taxe de guerre, tous les biens-fonds appartenans à l'État, ceux

---

seraient infiniment trop exiguës, et cela serait impraticable. Mais, pour soulager cette classe de contribuables, on leur accorde des délais fort longs; et il faut considérer en même temps, que la plupart d'entre eux exploitant leurs héritages par eux-mêmes, réunissent avec le revenu net du propriétaire, les bénéfices du colon.

(1) On regrette de ne pouvoir pas faire jouir les propriétaires désignés dans cet article, de la faculté des abandons; mais ce sont en général des citoyens aisés, et d'ailleurs, la longueur des délais qu'on leur accorde, allège sensiblement la charge qu'on leur impose.

appartenans aux hôpitaux et hospices, établissemens de charité et de bienfaisance, et aux
divers établissemens formés pour l'instruction
publique.

Seront pareillement exempts de la taxe de
guerre, les biens-fonds composant ou faisant
partie de la dotation actuelle des archevêchés,
évêchés, chapitres, séminaires, cures et fabriques des paroisses.

––––––––

Si les vues que nous venons de présenter
pour l'établissement d'une taxe de guerre de
516 millions sur les propriétés sont adoptées,
il faut prendre garde que cette somme n'est pas
un produit net pour le trésor royal. On ne peut
se dispenser d'en déduire 10 p. $\frac{o}{o}$, tant pour
les frais de régie et de perception, que pour les
pertes et non valeurs. Ainsi, le produit de cette
taxe ne peut entrer en ligne de compte que
pour la somme de. . . . . . . 464,400,000 f.

§ II.

Taxe sur les Rentes perpétuelles et viagères.

Les principes que nous avons posés et les
considérations que nous avons fait valoir précédemment, paraîtront, sans doute, suffisans
pour prouver qu'il y a justice et nécessité de

5

faire concourir les créanciers de l'État, en rentes
perpétuelles et viagères, dans les sacrifices extraordinaires qu'exigent les circonstances : ils sont
peut-être plus intéressés encore que les propriétaires au rétablissement des finances. Il
serait donc presque ridicule, tandis que toutes
les classes de la société font les plus grands
efforts pour opérer la libération de l'État, que
les rentiers, qui sont appelés plus particulièrement à en recueillir les fruits, fussent les
seuls dispensés de contribuer aux charges
extraordinaires.

Il ne s'agit pas cependant d'exiger d'eux aucune contribution en deniers, ni même de les
priver momentanément de la jouissance de
leurs rentes, mais de leur imposer une taxe
de guerre d'un autre genre. La mesure que nous
avons à proposer à leur égard, consiste à retrancher un quarantième de leurs capitaux, de
manière que le capital actuel de la dette publique, tant perpétuelle que viagère, que nous
avons évalué à 2 milliards 500 millions, serait
réduit de 62,500,000 fr., et que les arrérages
seraient pareillement réduits d'un quarantième
pour chaque créancier. Ainsi, un créancier de
l'État pour une rente de 1,000 fr. ne serait plus
inscrit au grand-livre de la dette publique que
pour 975 fr., et il n'éprouverait, d'ailleurs,

aucune suspension ni retard dans le paiement
des arrérages.

Cette mesure, à la vérité, ne procure pas
au trésor royal une ressource réelle et actuelle
pour les besoins extraordinaires; mais elle n'en
est pas moins salutaire; elle soulage l'État
d'une partie du fardeau de la dette publique,
et elle opère un amortissement de plus de 3 millions de rente annuelle, sans être trop onéreuse
pour les créanciers de l'État, qui ne contri-
buent, par ce moyen, à peu de chose près, que
comme les propriétaires, quoique ceux-ci aient
supporté constamment la plus grande part des
charges publiques; en un mot, la taxe sur les
rentes est commandée impérieusement par le
grand principe de l'égalité contributive, et par
la nécessité des circonstances.

§ III.
Ressources à prendre dans les Bois de l'État.

S. E. le Ministre des finances, dans le budget qu'il avait présenté pour 1816, avait proposé, non-seulement de continuer la vente de
300 mille hectares de bois de l'État, qui avait
été ordonnée par la loi de finances du 23 septembre 1814, et il en restait à vendre alors
255 mille hectares; mais le Ministre avait proposé encore d'y ajouter et d'aliéner pareille-

5 *

ment 100 autres mille hectares de bois de même origine. Ces deux propositions n'ont point été adoptées par la chambre des Députés.

Il paraît qu'un des principaux motifs du rejet prononcé par la Chambre, était fondé sur ce que, dans les bois de l'État, se trouvaient confondus ceux qui avaient appartenu au clergé de France, et dont il avait été dépossédé ; que l'on aurait à examiner si ces anciennes propriétés du clergé qui n'auraient pas été vendues, ne devaient pas lui être restituées, de même qu'on avait restitué aux émigrés ceux de leurs biens qui n'avaient pas été aliénés et qui faisaient partie du domaine public.

D'un autre côté, on a combattu les prétentions élevées en faveur du clergé, relativement aux propriétés dont il s'agit ; on a soutenu que le clergé n'y avait plus aucun droit, et qu'il ne devait ni ne pouvait plus rien posséder collectivement.

Nous nous abstiendrons de discuter cette question ; seulement nous exposerons quelques faits qui nous ont paru propres à l'éclaircir.

La consistance actuelle de toutes les forêts et bois du Royaume, est de 12,693,000 arpens qui se divisent ainsi qu'il suit :

Le domaine public, déduction faite de 45,000 hectares vendus en vertu de la loi

du 23 septembre 1814, en possède 2,483,000
arpens ;

Les communes 4,000,000 ;

Et les propriétaires particuliers 6,210,000.

Dans les bois dépendans du domaine public, il s'en trouve 580,000 hectares provenant
du clergé, tant séculier que régulier, et de
l'ordre de Malte. En supposant que le clergé
séculier possédât, avant la révolution, le tiers
de ces 580,000 hectares, ce serait moins de
200,000, c'est-à-dire, la sixième partie seulement des bois actuels de l'État, qui auraient
fait naître la difficulté.

Ne pouvait-on pas alors, et ne pourrait-
on pas encore aujourd'hui, laisser la question
indécise, en exceptant des ventes, quant à
présent, les 200,000 hectares de bois dont il
s'agit ? Moyennant cette exception provisoire,
rien n'empêcherait plus de disposer sur le million d'hectares et plus qui reste, des 2 ou 300,000
hectares dont on aurait besoin.

Au surplus, il est un moyen, suivant nous,
de lever la difficulté, de faire disparaître la
prétention qu'on a élevée, et de satisfaire plei-
nement toutes les personnes religieuses qui
désirent avec ardeur de voir améliorer le sort
du clergé. Ce moyen, que nous ne faisons qu'an-
noncer ici, et auquel nous donnerons de plus

grands développemens dans un chapitre particulier, consiste à fonder, dès-à-présent, le
service du culte d'une manière certaine et im-
muable, sans être onéreuse pour le trésor royal.

Mais peut-être trouvera-t-on encore quelques
motifs d'opposition à une aliénation partielle
des bois de l'État ? Dans cette hypothèse, nous
pourrions nous borner à rappeler les principes
sévères et les considérations très-puissantes que
nous avons présenté à l'appui de nos propositions, pour ce qui concerne les propriétaires
et les capitalistes. Cependant, la question est
assez importante pour que nous croyions devoir
ajouter quelques nouvelles considérations.

Les propriétés publiques sont-elles plus sa-
crées, plus inviolables que les propriétés particulières ? Nous ne le pensons pas. Le respect
que les constitutions et les lois imposent dans
tous les pays pour la propriété, s'applique plus
réellement et plus directement aux propriétés
particulières qu'aux propriétés publiques, parce
que ces lois sont faites pour le bien et l'avantage de la société, et que chaque citoyen est
beaucoup plus intéressé à la conservation de
sa propriété personnelle, qu'à celle du domaine public.

S'il arrive donc, comme aujourd'hui en
France, que des événemens désastreux et des

mesures inévitables, mettent dans la nécessité d'exiger des citoyens le sacrifice d'une partie de leurs propriétés, à combien plus forte raison ne peut-on pas, ne doit-on pas même disposer des propriétés publiques !

Il ne peut donc y avoir aucune difficulté à s'aider des ressources que nous offrent les bois de l'Etat; nous avons même la conviction intime que, dans les circonstances où nous nous trouvons, c'est un devoir rigoureux pour le législateur d'en user dans la plus grande latitude possible, afin de ménager d'autant les peuples soumis a son autorité.

Quoiqu'il en soit, nous nous renfermerons dans les limites posées par la loi de finances du 23 septembre 1814. Nous avons dit déjà que sur les 300,000 hectares, dont l'aliénation avait été ordonnée par cette loi, il en restait encore à vendre 255,000 hectares, et nous proposons d'en ordonner la vente.

Toutes les dispositions avaient été faites en 1814 et 1815, pour la vente des 300,000 hectares; les estimations, les lotissemens ont dû être fort avancés; et c'est aujourd'hui un grand avantage de pouvoir profiter des mesures préparatoires qui auront été prises, parce qu'il y aura plus de célérité dans les ventes, et conséquemment dans les recouvremens.

On a dit, dans les discussions qui ont eu
lieu dans la dernière session, que S. E. le Ministre des finances avait estimé les bois à 800 fr.
l'hectare ; M. Corbière, rapporteur de la Commission des finances, a pensé que cette esti-
mation était forcée, et qu'elle devait être ré-
duite à 500 fr.

Quoique le Ministre eût, pour faire son
évaluation, l'expérience des ventes déjà faites ;
néanmoins, nous nous rapprocherons davantage
de l'opinion de M. Corbière à cet égard, dans
la crainte de faire éprouver quelque mécompte ;
nous estimerons donc les bois à 600 fr. l'hectare, et nous en porterons le produit, pour
255,000 hectares, à. . . . . . 153,000,000 f.

Sur quoi, il faut déduire
pour frais de régie et de recou-
vrement évalués à 5 p. $\frac{0}{0}$. . .   7,650,000

Il restera net pour le trésor
royal. . . . . 145,350,000 f.

§ IV.

Résultat des Moyens extraordinaires.

La taxe de guerre sur les propriétés territoriales doit produire net. . . . 464,400,000 f.
Et la vente de 255,000 hec-

                                464,400,000 f.

Report. . . . 464,400,000 f.

tares de bois de l'Etat est por-
tée pour un produit net de. . . 145,350,000

Total. . . . . 609,750,000 f.

On se rappellera que les besoins extraordinaires ont été ci-
devant fixés à 501,500,000 f. ;
savoir, 101,500,000 f. pour le
déficit de 1817 ; 124 millions
pour celui de 1818 ; et 280 millions pour les deux derniers
cinquièmes de la contribution
de guerre de 700 millions ; ci. 501,500,000 f.

Il y aurait donc, dans les
ressources et moyens extraordinaires que nous proposons, un
excédant de. . . . . 108,250,000 f.

On sera peut-être étonné que nous ayons porté
nos demandes beaucoup au-delà des besoins,
et on pourrait penser qu'il serait préférable
d'exiger 100 millions de moins sur la taxe territoriale.

C'eût été pour nous, sans doute, une grande
satisfaction de pouvoir alléger le fardeau de
cette taxe ; mais nous avons pensé que, pour ne
rien mettre au hasard, il fallait se procurer

des ressources plus que suffisantes. En effet, il serait possible que, pour des causes qui nous seraient inconnues, les besoins extraordinaires, que nous avons fixés à 501,500,000 fr., s'élevassent à une somme plus forte; il serait possible encore que sur nos ressources et moyens extraordinaires, on eût à éprouver quelque rabais. Enfin, nous avons jugé que si en définitif il existait réellement un excédant de recette, il pouvait être très-sage, très-prudent de se ménager, dès-à-présent, cet excédant, comme une ressource précieuse qui serait applicable à des cas imprévus ou des événemens inattendus.

Nous persistons donc à croire qu'il n'y a rien à rabattre sur les 609 millions que nous demandons; seulement, nous ferons l'observation que si l'on voulait vendre 100,000 ou 200,000 hectares de plus des bois de l'Etat, on devrait alors diminuer d'autant la taxe territoriale, sans pour cela rien changer aux principes, aux bases, ni aux dispositions principales qui la concernent.

Nous irons même plus loin, dans la supposition que l'on ne partageât pas notre opinion, sur la nécessité d'avoir un excédant de ressources de plus de 100 millions : dans ce cas, et si, comme nous venons de le dire, on prenait 100 millions de plus sur les bois de l'Etat, on

pourrait réduire la taxe de guerre sur les propriétés territoriales au double du principal de
la contribution foncière, au lieu du triple que
nous avons proposé; c'est-à-dire, à 344 millions, au lieu de 516.

§ V.

Quelques Vues sur des Mesures d'exécution.

Si notre plan est adopté, il exigera pour
son exécution des mesures et des dispositions,
soit législatives, soit administratives, sur lesquelles on doit s'en rapporter aux lumières, à
l'expérience et à la sagesse du Gouvernement.

Cependant, nous demanderons qu'il nous soit
permis d'exposer nos vues sur quelques mesures ou dispositions principales et essentielles.

D'abord, nous pensons que sans rien faire
avec précipitation, parce qu'elle est toujours
nuisible, il est indispensable de commencer les
opérations aussitôt après la promulgation de la
loi de finances, de les suivre avec beaucoup
d'attention, et d'y mettre la plus grande célérité, soit pour la confection des rôles de la taxe
de guerre sur les propriétés territoriales et la
remise des avertissemens aux propriétaires contribuables; soit pour la désignation et l'abandon
au Gouvernement des propriétés qui seront
données en paiement de cette taxe, ainsi que

pour le lotissement, dans chaque canton, des propriétés abandonnées qui devront être mises en vente.

Il devra être fait un pareil lotissement pour les parties de bois de l'État dont la vente sera ordonnée.

Les lots seront composés et divisés de manière qu'il y en ait, dans une proportion convenable, de 5,000, 10,000, 20,000, 30,000, 50,000, et de 100,000 fr.

Les premières mises à prix, les termes et le mode de paiement, seront déterminés par le Gouvernement. Cependant, nous pensons que le Gouvernement, eu égard aux circonstances, doit être autorisé à fixer les premières enchères au-dessous du denier vingt, du revenu présumé d'après la cote de la contribution foncière, lorsqu'il le jugera nécessaire. Nous pensons également que le prix des adjudications doit être payé en argent ou en bons au porteur, négociables, délivrés par le trésor royal aux Puissances étrangères pour le paiement de la contribution de guerre de 700 millions, conformément aux traité et conventions du 20 novembre 1815.

Les adjudicataires seront tenus de payer comptant, au moment de l'adjudication, le cinquième des prix de vente; les quatre autres cinquièmes seront exigibles en quatre paiemens

égaux de six mois en six mois, et portant intérêts à 5 p. $\frac{o}{o}$ (1).

Il sera également payé comptant, lors de
l'adjudication, un pour cent du prix total de
chaque adjudication, pour tenir lieu de tous
droits et frais.

Les particuliers ou compagnies qui se seront
rendus adjudicataires d'un ou plusieurs lots de
20,000 fr. et au-dessus, auront la faculté de les
revendre en détail; et les premières ventes qu'ils
auront faites, ne seront sujettes, comme les
adjudications primitives, qu'à 1 p. $\frac{o}{o}$ du montant des ventes.

Il sera pris légalement et administrativement,
toutes les précautions nécessaires pour la conservation et la police des bois vendus.

Il sera accordé au Ministre des finances un
crédit particulier, pour subvenir aux dépenses
extraordinaires qu'occasionnera l'exécution de
la loi de finances, en ce qui concerne la taxe
territoriale et les ventes des propriétés, tant
publiques que privées.

---

(1) Peut-être conviendrait-il que le Gouvernement
soit autorisé à changer et modifier ces délais, suivant
que les événemens lui paraîtront plus ou moins favorables.

§ VI.

Difficultés et Objections : Discussion à ce sujet.

Les vues les plus droites et les plus saines peuvent être combattues ; elles présentent même quelquefois un côté faible, que les personnes éclairées et judicieuses ne manquent pas de saisir.

Nous sommes bien loin de croire que les nôtres doivent emporter, de haute lutte, un assentiment général, et qu'elles soient à l'abri de toute critique. Nous avons prévu les objections qu'on pourrait faire, soit contre les bases principales de notre plan, soit sur les difficultés qui se rencontreront dans l'exécution : nous allons les exposer avec candeur, et nous essaierons ensuite d'y répondre.

Première Objection. On pourra nous reprocher que la mesure des abandons de propriétés, en paiement de la taxe territoriale, est une mesure violente ; que c'est une expropriation forcée que nous prétendons exercer sur les contribuables. On pourra nous demander aussi pourquoi, lorsque nous avons un délai de cinq ans pour payer les 700 millions, nous voulons que la totalité en soit acquittée dans les trois premières années.

Réponse. Que l'on veuille bien se reporter

au tableau très-modéré que nous avons tracé de notre situation vis-à-vis des Puissances étrangères, de, la nature et de l'étendue de nos obligations, de la nécessité qui appesantit sur nous sa main de fer, et de l'impuissance où nous serions d'acquitter toutes nos charges et tous nos engagemens ; et l'on sera forcé de convenir qu'il faut recourir à des moyens extraordinaires.

La mesure des abandons de propriété n'est point une mesure violente, ni une expropriation forcée ; car les contribuables ont le choix de payer en argent ou en terre. Mais comme la plupart des contribuables seraient dans l'impossibilité de payer en argent et à temps la taxe extraordinaire qu'on est forcé de leur imposer ; on leur ouvre, pour s'en libérer, une voie simple, facile, et qu'un très-grand nombre de contribuables préféreront à l'obligation de payer en espèces. C'est au surplus un léger sacrifice, en comparaison des maux que nous voulons éviter ; et nous avons l'assurance d'en être amplement dédommagés dans un avenir très-prochain.

Quant à l'anticipation de paiement pour les deux derniers cinquièmes de la contribution de 700 millions, nous avons déjà fait sentir plus d'une fois, et nous répéterons ici, que c'était le moyen le plus puissant pour obtenir, à l'expiration des trois premières années, l'évacuation des troupes étrangères, et pour être déchargés de leur entretien pendant les deux dernières années ; ce qui fera pour la France une économie de 260 millions. Cette considération est du plus grand poids, et elle nous a paru décisive.

Deuxième Objection. Suivant votre plan, dira-t-on, le Gouvernement aura à sa disposition, d'une part, environ 400 millions de propriétés particulières, distraction faite de 100 millions, à quoi l'on peut évaluer les taxes qui seront payées en argent ; et d'autre part, 150 millions en bois de l'Etat ; en tout, 550 millions qui ne peuvent être utiles au Gouvernement, qu'autant qu'il trouvera à les vendre dans le cours des années 1817 et 1818, et que les recouvremens du prix des adjudications auront produit, à l'époque du 1er. janvier, ou au plus tard du 1er. juillet 1819, au moins 400 millions, afin de compléter les 500 millions, montant des besoins extraordinaires (1).

Mais, ajoutera-t-on encore, les ventes se feront très-difficilement, surtout si l'on ne veut

_____

(1) On sentira très-bien que toute la discussion contenue dans ce paragraphe se rapporte à notre plan, tel que nous l'avons tracé, sans avoir égard aux mo-

pas vendre à vil prix, et si l'on n'accorde pas
des délais très-longs; conséquemment, les recouvremens seront loin de marcher avec la ra-
pidité nécessaire, et les résultats des ventes
seront peu productifs dans les deux premières
années. Alors, l'opération est manquée; non-
seulement on sera dans l'impossibilité d'acquitter, par anticipation, les 280 millions pour
le quatrième et le dernier cinquième de la contribution de guerre de 700 millions; on ne
pourra pas même faire face complétement aux
deux déficit de 1817 et de 1818, qui s'élèvent
ensemble à 225 millions, et sur lesquels on
n'aura reçu qu'environ 100 millions, pour les
parties de la taxe territoriale acquittées en
argent.

RÉPONSE. Nous nous occuperons d'abord de
ce qui concerne le déficit de 1817 et de 1818,
qui se trouve réduit à 125 millions (1).

Certainement, un pareil déficit, sur deux
années pour lesquelles on a à recevoir et à payer Déficit de 1817 et de 1818.

---

difications dont il pourrait être susceptible; modifications que néanmoins nous ne prétendons pas écarter,
puisque nous avons été nous-mêmes les premiers à
les pressentir.

(1) Il a été commis une erreur en ce qui concerne
le déficit de 1818. Les dépenses de cet exercice ont

plus de 1600 millions, n'est rien moins qu'effrayant. Ces 125 millions se répartissent sur 1817
et 1818; et nous supposerons qu'il en appar-
tiendra 51 millions à la première année, déduction faite de 50 millions provenant, pour
les premiers dix-huit mois, des taxes qui devront être payées en argent; et 74 millions à la
seconde année, sous la même déduction des
50 autres millions, qui seront payés en argent
dans les dix-huit mois suivans, pour la taxe territoriale. Il n'est pas nécessaire que ces deux
parties de fonds soient réalisées, immédiate-
ment à l'expiration de chaque année, et il suffit
qu'elles puissent l'être dans les six mois suivans. Ainsi, le Gouvernement aura pour la
première partie de 51 millions, sans aucune
difficulté ni inconvénient, jusqu'au 1er. juillet 1818, et pour la seconde partie de 64 millions, jusqu'au 1er. juillet 1819. Cette seconde

---

été calculées comme celles de 1817, et même augmen-
tées de 22,700,000 fr. pour les arrérages de la dette
publique; mais elles doivent être diminuées de 10 millions, relatifs au remboursement de 20 millions à faire
aux Départemens, pour habillement et équipement des
troupes étrangères; attendu que ces 20 millions se
trouveront entièrement acquittés à la fin de 1817.
Ainsi, le déficit de 1818, au lieu d'être de 124 millions,
ne sera plus que de 114 millions.

partie pourra être empruntée sur les fonds de l'exercice de 1819, qui ne seront plus grevés des charges extraordinaires ; et elle sera remplacée, dans l'intervalle du 1ᵉʳ. juillet 1819 au 1ᵉʳ. juillet 1820, par les fonds extraordinaires des ventes qui arriveront successivement.

Il ne reste donc plus à pourvoir qu'aux 51 millions nécessaires pour compléter les dépenses de 1817 ; et voici les moyens qui se présentent à cet égard : 1°. les recouvremens sur les ventes de propriétés, qui auront lieu du 1ᵉʳ. janvier 1817 au 1ᵉʳ. juillet 1818; 2°. les ressources que l'on trouvera très-certainement dans les receveurs généraux des finances.

Nous sommes persuadés que les receveurs généraux, dont le zèle et le dévouement ne se sont jamais démentis, seront très-disposés à aider le Gouvernement de leurs capitaux et de leur crédit; et qu'il leur sera facile de lui fournir, avant le 1ᵉʳ. juillet 1818, ce qui manquera sur les 51 millions. Il serait fait avec eux un traité particulier, pour régler les conditions de cette avance ; et l'on pourrait même, s'il en est besoin, leur engager ou aliéner, soit à titre de nantissemens, soit en paiement, une partie des propriétés à vendre, jusqu'à concurrence des fonds qu'ils auraient avancés ou promis d'avancer.

6 *

Ainsi, nous pouvons dire avec assurance que les deux déficit de 1817 et de 1818, montant ensemble à 215 millions, se trouveront remplis; d'abord, par les cotes de la taxe territoriale qui seront acquittées en argent, et que nous évaluons à 100 millions; et ensuite par les moyens que nous venons d'indiquer, pour les 115 millions restant.

Paiement des 280 millions.

Maintenant, il s'agit de répondre aux objections, pour ce qui concerne les 280 millions, faisant le quatrième et le dernier cinquième de la contribution de guerre de 700 millions.

Nous ne regardons pas comme indispensable que ces 280 millions soient réalisés en espèces, et délivrés aux Puissances qui y sont intéressées, avant le 1er. janvier 1819, pour obtenir à cette époque l'évacuation totale des places de guerre et du territoire français. Mais dans nos vues, et dans notre opinion, il suffit, pour parvenir à ce but, que les Puissances créancières soient désintéressées d'une manière quelconque, pourvu que cette manière leur convienne, et que la France se trouve libérée envers elles.

Or, suivant notre plan, le Gouvernement aura à sa disposition au moins 500 millions de valeurs réelles en biens-fonds, dont les neuf dixièmes au moins seront destinés spécialement et exclusivement au paiement des 280 mil-

lions ; voilà donc un gage bien plus que suffi-
sant pour répondre de la créance. Mais, comme
d'un autre côté, cette créance serait à la rigueur
exigible en espèces, et qu'il y a impossibilité de
remplir cette condition, il nous semble que les
Puissances créancières ont trop de grandeur,
d'humanité et de justice, pour se refuser à accepter en paiement des deux derniers cinquièmes
de la contribution de 700 millions, l'aliénation
qui serait faite en leur faveur, et jusqu'à due
concurrence, des propriétés dépendantes du
domaine public. Sans doute, un pareil traité
ne pourrait avoir lieu qu'après la loi de finances de 1817, et à des conditions assez avan-
tageuses pour que les Puissances intéressées
fussent entièrement indemnes, quoique ces conditions fussent d'ailleurs très-équitables à l'é-
gard de la France.

Il est encore sensible que les Puissances alié-
nataires se réserveront la faculté, le droit de
vendre les propriétés qui leur auraient été abandonnées, et qu'elles recevraient le prix total
des ventes.

Nous avons assez expliqué notre pensée, pour
qu'il ne soit pas besoin de s'étendre davantage
sur cet objet, et nous nous contentons de faire
observer que c'est au Gouvernement qu'il ap-

partiendra de régler les conventions et stipulations d'une transaction aussi importante.

Si le mode de paiement que nous venons
d'indiquer, est accepté par les Puissances créancières, la France se trouvera entièrement libérée envers elles, à l'époque du 1er. janvier
1819 ; et alors, il y a tout lieu d'espérer que
l'évacuation totale du territoire français par
les troupes alliées, à l'expiration des trois premières années du traité du 20 novembre 1815,
ne pourra plus souffrir aucune difficulté. Alors
encore, la France se trouvera déchargée, au
1er. janvier 1819, de l'entretien de cent cinquante mille hommes de troupes étrangères,
c'est-à-dire, de 260 millions pour les années
1819 et 1820, à raison de 130 millions par
an.

Si cependant les Puissances intéressées dans
la contribution de guerre de 700 millions,
exigeaient une partie des 280 millions en espèces, et qu'elles ne voulussent accepter des
propriétés du domaine public que pour une
partie de leur créance, il ne faudrait pas encore désespérer d'obtenir les résultats dont
nous venons de parler.

Nous ne doutons pas que, dans le cours de
1817 et de 1818, il ne fût possible au Gouver-

nement qui aurait à sa disposition 5oo millions de valeurs en biens - fonds, de trouver
tout ou partie des 28o millions.

Un plan de finance bien conçu, bien ordonné, et surtout libératoire, inspirerait nécessairement la plus grande confiance aux na-
tionaux et aux étrangers. Il n'échapperait à
personne qu'à une époque très-rapprochée, les
finances de France seront dans l'état le plus
prospère ; qu'à compter de 18ɪ9, la France
n'aura plus à supporter que les charges ordinaires de son Gouvernement ; et qu'elle se
trouvera en mesure, soit pour diminuer le fardeau des contributions directes et indirectes,
et les établir dans des proportions convenables,
soit pour augmenter considérablement le fonds
d'amortissement de la dette publique.

Il nous semble qu'une perspective aussi sa-
tisfaisante et aussi vraie, ne peut manquer de
produire de très-grands effets.

Ainsi, d'une part, les propriétés du domaine public qui seraient mises en vente, seraient non-seulement recherchées par les particuliers, parce qu'elles offriraient toutes les
sûretés et garanties qu'on pourrait désirer, indépendamment des avantages réels que l'on
trouverait dans ces acquisitions; mais encore
il est très-probable que des compagnies de ca-

pitalistes , tant regnicoles qu'étrangers , se pré-
senteraient pour traiter avec le Gouvernement
pour de grandes masses de propriétés.

D'un autre côté , la banque de France pourrait aussi faire , avec le Gouvernement , de
grandes opérations , qui auraient pour base
les propriétés disponibles , et pour but de fournir au trésor royal , une partie considérable
des fonds dont il aurait besoin (1).

Compagnies de finance.

Enfin , ne peut-on pas , en 1817 , préparer
la formation de trois compagnies de finance ,
à l'instar de celles qui existaient avant la révolution ? Elles fourniraient entre elles 100
millions de fonds d'avance , qu'elles seraient
tenues de réaliser avant d'entrer en fonctions ;
et elles seraient mises en activité, ou le 1er. janvier 1818 , ou le 1er. janvier 1819.

Il n'entre nullement dans notre pensée que
l'on change rien aux administrations existantes;
elles sont actuellement très-bien organiséees ,

_____

(1) Des personnes trop disposées à s'inquiéter, crain-
dront peut-être que les traités qui seront faits, soit
avec la banque de France, soit avec des compagnies
de capitalistes , ne soient très-onéreux pour l'État.
Ces craintes, nous osons le dire, seraient injurieuses
pour le Gouvernement; et il est impossible de douter
de toute la prudence qu'il apportera dans les traités
dont il s'agit.

et ce serait un grand malheur, après les se-
cousses qu'elles ont éprouvées, de leur causer
encore quelques nouveaux troubles.

Mais l'administration des domaines et de
l'enregistrement, l'administration des contributions indirectes et celles des douanes, telles
qu'elles sont maintenant, sont précisément
propres à être formées en compagnies de finance, dans le sens que nous l'entendons.

Les directeurs généraux seraient maintenus
et mis sur le même pied que l'étaient autre-
fois les intendans des finances, et les admi-
nistrateurs actuels seraient admis les premiers
comme fermiers ou régisseurs intéressés dans
les nouvelles compagnies. C'est une justice qui
leur est due ; mais nous ferons observer en
même temps, que c'est une mesure indispensable pour le bien du service et pour l'intérêt
de l'État. Seulement, le Gouvernement aurait
à fixer le nombre des fermiers généraux ou
régisseurs dans chaque compagnie, à déter-
miner le contingent de chacun dans les fonds
d'avance qui devraient être fournis, et à nom-
mer les nouveaux fermiers ou régisseurs, pour
compléter chacune de ces compagnies.

Nous n'avons pas besoin de répéter ici ce que
nous avons dit déjà dans la première partie de
cet Ouvrage, sur les frais de régie des anciennes

compagnies de finance et sur les bénéfices très-
modérés dont elles jouissaient. Cependant, nous
sommes forcés de convenir que.les traités pour
fonds d'avance ne sont point une mesure éco-
nomique, que c'est une manière d'emprunter,
et qu'il faut payer les intérêts des fonds em-
pruntés ; qu'en même temps il faut accorder des
bénéfices aux fermiers ou régisseurs intéressés,
et que ces bénéfices, si modérés qu'ils soient,
augmentent toujours d'autant les frais de régie.
Aussi cette opération de finances n'a-t-elle jamais été introduite et conservée en France qu'à
raison des nécessités de l'État ; mais quelles
nécessités furent jamais aussi grandes que les
nôtres !

La réunion de ces divers moyens paraît
devoir assurer le paiement des deux derniers
cinquièmes de la contribution de 700 millions,
quand bien même les Puissances étrangères se
refuseraient à accepter en paiement une partie
quelconque des propriétés publiques : à bien
plus forte raison ces moyens seront-ils plus que
suffisans, si elles consentent à prendre ces propriétés jusqu'à concurrence de moitié de leur
créance.

Mais il est permis d'espérer, après tous les
maux que nous avons soufferts, et en considération des efforts simultanés de la Nation

française pour s'acquitter de ses obligations,
que les Puissances, créancières de la France,
seront disposées à accepter une composition et
des tempéramens qui faciliteraient et accélére-
raient notre libération.

RÉSUMÉ DE LA SECONDE PARTIE.

Nous venons de présenter tous les moyens
qui nous ont paru les plus convenables et les
mieux appropriés aux circonstances pour opérer, dans les deux années qui vont s'ouvrir,
la libération de l'État envers les Puissances
étrangères, et pour recueillir les fruits de cette
grande entreprise.

On aura remarqué peut-être que, si les bases
de notre plan sont simples, les moyens d'exécution sont un peu compliqués ; mais si l'on
veut bien considérer toutes les difficultés de la
matière, on ne sera point étonné de la variété
des détails dans lesquels il nous a fallu entrer.
Nous espérons, néanmoins, que nos vues auront
été exposées avec assez de netteté pour être bien
saisies, et nous désirons ardemment qu'elles
puissent être de quelque utilité.

Nous avons fait concourir à la libération de
l'Etat, toutes les propriétés particulières, tous
les capitaux susceptibles d'être atteints, et
une partie du domaine public ; mais nous ne

dissimulerons pas, comme déjà nous l'avons
fait entrevoir, que notre plan serait sensiblement amélioré, dans notre opinion, si au lieu
de 255,000 hectares de bois de l'Etat, dont
nous proposons l'aliénation, il en était aliéné
200,000 hectares de plus. Il résulterait de ce
changement, que la taxe de guerre sur les propriétés territoriales ne devrait plus être portée
qu'au double du principal de la contribution
foncière, c'est-à-dire, à 344 millions au lieu
de 516.

Nous avons été arrêtés par l'opposition qui
s'est manifestée, dans la dernière session des
Chambres, à l'aliénation des bois de l'Etat; et
c'est cette circonstance qui nous a déterminé à
porter aussi haut la taxe territoria e, et à en faire
notre principale ressource; afin que le salut de
l'Etat, et la restauration de nos finances, ne dé-
pendissent pas de l'aliénation incertaine des bois
et forêts du domaine public.

Cependant, il y a tout lieu de croire que cette
aliénation souffrira aujourd'hui moins de difficulté; et que, si l'on est divisé à cet égard, ce
ne sera que sur la quantité qui devra être
aliénée.

Mais nous avons annoncé, au troisième paragraphe de notre seconde partie, que nous pro-
poserions des vues particulières pour désinté-

resser entièrement le clergé de France, sur la question des bois qui auraient appartenu au clergé séculier avant la révolution, et pour faire disparaître les prétentions qu'en dernier lieu on avait élevées à ce sujet. C'est la dernière partie de la tâche que nous nous sommes imposée ; et elle fera la matière du chapitre suivant.

CHAPITRE III.

PRESTATION EN NATURE DESTINÉE AUX FRAIS DE CULTE.

Il est possible que beaucoup de personnes se récrient contre une proposition de ce genre ; que l'on y voie le rétablissement de la dîme, ecclésiastique, et que la crainte, qui engendre des fantômes, aperçoive à la suite de la dîme, les droits seigneuriaux et féodaux.

Il est possible encore que l'établissement d'une prestation en nature pour le culte, soit considéré, par quelques-uns, comme contraire à la charte constitutionnelle.

Nous supplions que l'on veuille bien se dégager de toute prévention, pour examiner avec impartialité les principes, les motifs et les considérations qui nous ont déterminé à embrasser une mesure qui, dans le moment actuel, a le désavantage de paraître extraordinaire.

Nous présenterons ensuite nos vues sur les
moyens d'établir la prestation en nature dont
il s'agit, d'en régler la distribution et l'emploi.

Les contributions publiques sont destinées
à acquitter toutes les dépenses de l'Etat ; et
celles-ci se divisent en différens services, tels
que la dette publique, la guerre, la marine,
l'intérieur, etc.

Les frais de culte sont un des services publics,
auxquels on ne peut se dispenser de pourvoir, soit par les fonds généraux du trésor, *soit
par des fonds spéciaux ;* et c'est ainsi que l'on
a procédé depuis nombre d'années.

Le choix et la nature des contributions dé-
pendent du pouvoir législatif, tellement que,
si le Roi proposait aux deux Chambres l'établissement de la contribution foncière en nature,
et que cette proposition fût adoptée, la contribution foncière serait désormais perçue en
nature, au lieu de l'être en argent.

On sait que dans tous les temps de la Monarchie, il est arrivé que des branches quelconques du revenu public, ont été détachées
en quelque sorte du trésor, pour être déléguées
et affectées spécialement à un service particulier,
tel que celui des rentes sur l'État. Nous avons
même, dans l'ordre actuel de l'administration
publique, un exemple de semblable distrac-

tion, pour ce qui concerne les dépenses départementales.

On sait également que dans les temps mo-
dernes, comme dans les temps anciens, il a
été formé des dotations pour des institutions
ou établissemens, qui étaient des parties essentielles dans l'ordre politique ; qu'il en existe
plusieurs dans cette cathégorie, entre autres
l'Université de France, les hôtels royaux des
Invalides de terre et de mer, les ordres de
Saint-Louis et de la Légion d'honneur.

Rien ne paraît donc s'opposer, d'après ces
principes et ces exemples, à ce que, pour subvenir aux frais de culte, et même pour former
la dotation du clergé, il soit détaché une partie
quelconque des revenus publics.

Si la contribution foncière était perçue en
nature, sur le pied de la dixième partie des
fruits, ou 10 p. $\frac{o}{o}$, et qu'elle fût évaluée à
200 milions, on ne trouverait pas étrange qu'il
en fût détaché 40 millions, ou 2 p. $\frac{o}{o}$, en
nature, qui seraient destinés aux frais de culte.

Cependant, c'est là précisément la proposition que nous avons l'intention de faire, et
voici le développement de notre pensée.

Nous ne prétendons pas que le mode de
perception de la contribution foncière soit
changé, en ce qui concerne le trésor royal,

quoique de très-bons esprits aient prôné avec
beaucoup de talent l'établissement de la contribution foncière en nature sur les terres. Nous
pensons qu'il faut remettre à des temps plus
calmes, la discussion de cette grande et importante question ; et nous sommes d'avis qu'il
faut maintenir la perception en argent établie
pour la contribution foncière, sauf les modifications dont nous allons parler.

Nous proposons donc de détacher et d'af-
fecter spécialement aux frais de culte, une
partie de la contribution foncière, et de con-
vertir la partie qui sera détachée, en une prestation en nature qui n'excédera pas 2 p. $\frac{o}{o}$.

Nous osons croire, d'après les explications
que nous venons de donner, qu'on n'aura
plus aucune inquiétude sur notre proposition,
et qu'on ne la trouvera pas inconstitutionnelle.
On reconnaîtra que la prestation proposée est
tout-à-fait étrangère aux droits seigneuriaux et
féodaux ; que si elle a quelque rapport avec la
dîme, c'est uniquement par le mode de perception ; mais qu'elle en diffère essentiellement, 1°. par sa quotité ; 2°. parce que ce
n'est nullement le rétablissement de la dîme,
mais une création nouvelle qui émanera des
trois branches du pouvoir législatif. 3.° Enfin,
parce que cette nouvelle création n'est autre

chose qu'un mode particulier de paiement d'une partie de la contribution foncière, et son affectation spéciale à un service public.

Faute de documens suffisans, nous ne pouvons pas présenter ici la dépense actuelle des frais de culte, tant en fonds généraux fournis par le trésor royal, qu'en fonds spéciaux ou centimes additionnels levés dans les Départemens. Nous avons tout lieu de croire, d'après les discussions qui ont eu lieu à la dernière session, dans la Chambre des députés, que ces fonds divers sont encore insuffisans, malgré l'augmentation de cinq millions qui a été accordée pour cette nature de dépense, par la loi de finances du 28 avril dernier.

Mais malgré nos incertitudes sur l'étendue des besoins, et sur la fixation des fonds qu'il conviendra d'assigner pour les frais de culte, nous avons pensé que la prestation en nature qui serait déléguée et accordée au clergé, ne devait pas excèder 2 p. $\frac{o}{o}$, du produit brut des terres, qui, par leur genre de culture, devront être assujetties à cette prestation.

Il ne nous a pas échappé qu'une quotité uniforme de 2 p. $\frac{o}{o}$, sur tous les produits et pour toutes les terres, de quelque qualité qu'elles soient, indistinctement, n'est pas sans incon-

véniens , et qu'il pourrait en résulter des iné-
galités relatives.

Mais la discussion des distinctions à faire et
des modifications à apporter en plus ou en
moins , nous aurait entraînés beaucoup trop
loin. Nous avons cru devoir nous borner à proposer un taux général et commun , sauf au
Gouvernement à établir , quand il le jugera
convenable , ces distinctions et modifications.

Nous avons même pensé, qu'eu égard à la
modicité de la prestation par nous proposée, il
y aurait plus d'avantages que d'inconvéniens
à adopter provisoirement le taux commun de
2 p. $\frac{o}{o}$, ou la cinquantième partie des produits , sauf rectification ultérieure, si on la
juge nécessaire.

Maintenant, il s'agit d'évaluer, par approxi-
mation en numéraire , le produit de la prestation en nature qui est proposée.

C'est par le produit net de tous les biens-
fonds sujets à la contribution foncière , que
l'on peut connaître le produit brut sur lequel
nous avons à opérer.

Or, suivant l'opinion la plus générale et la
mieux fondée , le produit net doit être réputé de
1200 millions ; mais relativement à l'opération
que nous avons à faire , nous devons distraire

de cette somme de 1200 millions, le quart qui
est de 300 millions, et à quoi nous évaluons
les produits qui ne sont pas susceptibles d'être
atteints par la prestation en nature, tels que
les maisons et usines, les jardins potagers et
fruitiers, les cours d'eau, étangs et pièces
d'eau, les mines et carrières, les terres exploi-
tées en tourbières, les canaux de navigation,
tous les arbres fruitiers quelconques, et cer-
taines productions de la terre qui devront pareillement être exceptées de la prestation en nature.

Il ne reste donc plus que 900 millions de
produit net, d'après lesquels nous devons chercher à connaître le produit brut.

Des écrivains célèbres qui se sont beaucoup
occupés de l'économie politique, ont prétendu
que le produit net des terres n'était généralement que le tiers du produit brut ; qu'un autre
tiers était absorbé par les frais de culture, de
semences et de récoltes, et que le dernier tiers
devait être attribué au colon pour sa subsistance, ses consommations personnelles, ses
salaires et bénéfices.

D'autres ont pensé que la portion attribuée
au colon, pour les causes que nous venons
d'indiquer, ne devait être évaluée qu'à la moitié du revenu du propriétaire, c'est-à-dire,
du produit net.

7 *

Dans la première hypothèse, le produit brut de 900 millions, serait de 2 milliards 700 millions; mais dans la seconde, il ne serait que de 2 milliards 250 millions.

C'est à cette dernière hypothèse que nous croyons devoir nous fixer, dans la crainte de tomber dans quelque erreur grave, et afin d'éviter les mécomptes qui pourraient en résulter.

Ainsi, le produit brut de toutes les terres et biens-fonds qui seraient sujets à la prestation en nature, devant être évalué à 2 milliards 250 millions, et la prestation en nature étant fixée à 2 p. $\frac{0}{0}$ ou au cinquantième, le produit de cette prestation doit être évalué, en numéraire, à 45 millions, qui se trouvent dans la proportion de 5 p. $\frac{0}{0}$, ou de la vingtième partie du produit net.

Ce résultat de 45 millions ne peut pas être considéré comme un produit purement net pour le clergé, parce que la prestation ne sera point portable, qu'elle devra être levée sur la terre par les ayans droit et à leurs frais; mais ces frais seront certainement peu considérables.

Une somme de 45 millions pour les frais du culte, n'est-elle que suffisante, ou au contraire excéderait-elle la mesure des besoins?

C'est ce que nous ne pouvons pas décider. Nous pensons qu'il faut s'en rapporter à la prudence et à la sagesse du Gouvernement, pour régler définitivement la dépense du culte, et pour concilier, dans cette opération, l'intérêt des peuples avec celui de la religion.

Si la prestation en nature, pour les frais de culte, est adoptée, il s'en suivra, 1°. que tous centimes départementaux ou communaux, affectés spécialement au culte, devront être supprimés, ainsi que toutes autres contributions spéciales ayant la même destination; 2°. que la contribution foncière, tant en principal qu'en centimes additionnels et centimes extraordinaires, devra être diminuée dans une proportion telle que, d'une part, les contribuables ne se trouvent point surchargés par l'innovation qui sera introduite ; et que, d'un autre côté, le trésor royal n'ait à recevoir de moins que ce qu'il aura de moins à payer pour les dépenses du culte, qui étaient auparavant à sa charge (1).

Maintenant nous allons exposer les motifs

_____

(1) Les pensions ecclésiastiques sont tout-à-fait étrangères à l'établissement que nous proposons pour les frais de culte : elles ne font point partie des dépenses du culte, et elles sont comprises dans la dette publique.

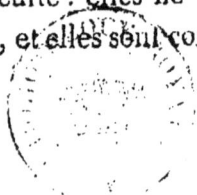

et considérations qui nous ont paru propres
à faire accueillir notre proposition. Nous présenterons ensuite nos vues, tant sur l'assiette
de la prestation en nature, que sur les moyens
d'exécution, mesures et dispositions principales.

§ PREMIER.

Motifs et Considérations.

La religion avait été long-temps foulée aux
pieds ; les ministres des autels humiliés et pros-
crits. Le concordat parut ; les autels furent re-
levés, et la religion pût être exercée librement
par tous les fidèles ; mais il ne fut point pourvu,
d'une manière stable et suffisante, à l'entretien
des ministres de la religion, ni aux autres frais
du culte. Dans les départemens, dans les communes, on a été sans cesse aux expédiens, pour
suppléer à l'insuffisance des fonds fournis par
le trésor ; et malgré ces ressources particulières,
le service des autels a été généralement dans un
état de langueur très-affligeant.

La mesure que nous proposons, d'une prestation en nature pour les frais de culte, fait
cesser tout à coup la détresse dans laquelle se
trouve le clergé ; elle assure d'une manière certaine et invariable, pour le présent et pour l'a-
venir, la subsistance de ses membres et l'en-

tretien du culte, sans que le Gouvernement ait besoin d'y pourvoir désormais.

Les ministres du culte n'étant plus à la merci de leurs paroissiens, et pouvant au contraire répandre quelques bienfaits parmi eux, seront plus honorés et plus respectés : la profession ecclésiastique sera plus recherchée; et des sujets bien nés, bien élevés, embrasseront cette carrière avec plus d'empressement.

Voilà, sous le point de vue de la religion, qui est le plus important sans doute, les heureux effets que l'on doit attendre de l'établissement proposé.

Mais il est des considérations d'un autre genre, qui nous paraissent aussi d'un très-grand poids.

La prestation en nature, telle que nous le demandons, est, suivant nous, le plus grand et le meilleur moyen de statistique qui ait encore été employé. Ce moyen est bien supérieur aux dîmes et autres redevances en nature qui ont existé en France, et qui existent encore dans d'autres pays. Ces dîmes et redevances étaient divisées entre les ecclésiastiques et les seigneurs; elles n'étaient point sous la surveillance du Gouvernement; elles variaient sans cesse pour la quotité; enfin, elles ne frappaient point sur l'universalité des terres en culture, et un grand nombre de celles-ci en étaient exemptes.

Notre prestation en nature, au contraire, est universelle; elle devra être surveillée par les agens du Gouvernement, et elle frappera d'une manière uniforme sur toutes les productions de la terre qui y seront sujettes. Elle est donc essentiellement propre à faire connaître au Gouvernement, année par année, tous les produits du sol dans toute l'étendue de la France. Une notion aussi positive et aussi certaine, deviendra bien importante et bien précieuse, puisqu'elle servira de régulateur au Gouvernement, non-seulement pour l'assiette des contributions, et particulièrement de la contribution foncière, mais encore pour parvenir, relativement à celle-ci, à l'égalité de répartition que l'on a vainement cherchée depuis si long-temps.

Il est encore un autre avantage d'une bien haute importance, que doit procurer la prestation en nature; c'est qu'elle fournira au Gouvernement les élémens les plus certains et les matériaux les plus amples, pour la police des grains. Le Gouvernement sera à portée, suivant les années abondantes ou médiocres, de juger s'il y a superflu et de permettre des exportations; ou, dans le cas contraire, de les interdire, et de pourvoir, à l'avance et sans hésitation, aux besoins éventuels. Le Gouvernement connaîtra encore, d'une manière certaine, les consommations du Royaume, surtout en ce qui concerne les grains ; et il est aisé de sentir combien cette notion est importante, sous un grand nombre de rapports. Enfin, en comparant successivement les résultats de différentes années, on pourra juger des progrès de l'agriculture ; de même que s'il y a décadence dans quelqu'une des branches de l'économie rurale, elle n'échappera jamais à l'œil attentif du Gouvernement, qui sera toujours empressé d'y apporter les remèdes convenables.

On voit donc que l'établissement d'une prestation en nature, pour les frais de culte, indépendamment des motifs pris dans l'intérêt sacré de la religion, se trouve en même temps lié avec les plus grands intérêts de l'Etat ; et que par lui, on aura l'avantage inappréciable de pouvoir remplir des vues très-élevées, auxquelles il avait été impossible d'atteindre jusqu'à présent.

Cependant, nous ne terminerons pas ce paragraphe sans répondre d'avance à une objection qu'on pourrait nous faire.

Peut-être, nous dira-t-on, que la prestation en nature entraînera de grandes difficultés dans son exécution ; que les peuples, désaccoutumés de la dîme, croiront la voir renaître, et qu'ils

opposeront de la résistance à la prestation nouvelle qui leur sera demandée.

Ces craintes ne nous paraissent pas fondées ;
et nous osons croire même que les circonstances dans lesquelles nous nous trouvons ,
sont beaucoup plus favorables qu'elles ne pourraient l'être plus tard.

D'un bout de la France à l'autre, on connaît
notre situation politique et financière ; tout le
monde sait que le salut de l'Etat exige impérieusement de très-grandes mesures dans tous
les genres et de grands sacrifices. L'imagination
de chacun, frappée de cette première pensée,
va peut-être beaucoup au-delà de ce qui lui
sera demandé. Ainsi , quand la loi nouvelle
sur les finances paraîtra ; lorsque chacun connaîtra son sort, et qu'on aura la certitude
d'être affranchi, dans un avenir très-prochain,
de toutes charges extraordinaires ; de voir la
France libre et indépendante, et les finances
restaurées; personne ne regrettera , sans doute,
les sacrifices qui lui seront demandés. Alors,
il n'est nullement vraisemblable, qu'au milieu
de l'assentiment général pour un grand et vaste
système, dont la prestation en nature n'est
qu'une faible partie, celle-ci rencontre des op-
posans qui osent désobéir à la loi et troubler

''ordre public, surtout ne s'agissant pour chacun que d'un très-modique intérêt (1).

Au surplus, le Gouvernement, qui est tout-à-
fait étranger à nos erreurs et à nos fautes, quoiqu'il partage nos malheurs, aura bien le droit
d'être ferme, et de sévir avec rigueur contre le
petit nombre de récalcitrans qui se feraient re-
marquer.

§ II.

Moyens d'exécution ; Mesures et Dispositions principales.

Art. 1er. La prestation en nature de 2 p. $\frac{0}{0}$
des produits territoriaux , devra être établie et
assise sur les différentes espèces de terres et
biens-fonds ci-après détaillés :

1°. Les terres produisant froment, seigle,
orge, avoine et autres grains de toutes espèces ;

---

(1) Il entre dans nos vues, comme on le verra ci-
après, que la prestation en nature soit supportée également par le propriétaire et par le fermier. Ainsi, les
fermiers, qui sont ceux dont on pourrait craindre le
plus la mauvaise volonté, n'auront à faire le sacrifice
que de la centième partie de leurs récoltes. Or, nous
le demandons, peut-on croire qu'il s'en trouve un seul
qui veuille, pour si peu de chose, se mettre en état de
désobéissance et de rébellion !

2°. Celles produisant lin, chanvre, tabac, plantes oléagineuses et à teinture ;

3°. Les vignes ;

4°. Les prairies naturelles et les prairies artificielles, toutes les fois que les propriétaires ou fermiers y récolteront du foin propre à être botlelé ;

5°. Les bois en coupes réglées ou non réglées, réputés taillis, et au-dessous de l'âge de trente ans.

Aucuns autres produits territoriaux ne seront sujets à la prestation en nature.

2. Seront exempts de la prestation en nature, quoique les produits se trouvent classés dans les cinq articles ci-dessus spécifiés :

1°. Les jardins, parcs et terreins enclos de murs ou de palissades pleines en bois ;

2°. Les foréts et bois dépendans du domaine public ;

3°. Les biens appartenans à tous établissemens ecclésiastiques, y compris les fabriques des paroisses ;

4°. Ceux appartenans aux hôpitaux et hospices civils et militaires, et à tous établissemens de charité et de bienfaisance ;

5°. Pendant le temps qui sera déterminé par la loi, les marais qui seront desséchés, et les terres vaines et vagues qui seront mises en culture; les terres en friche qui seront plantées ou semées en bois; celles de même nature qui seront plantées en vignes.

Nota. S'il y a encore d'autres exceptions à prononcer, elles seront sans doute proposées par le Gouvernement. .

3. Le clergé sera mis en possession, en 1818, de la prestation en nature : à cet effet, le Gouvernement fera, dès 1817, toutes les opérations et dispositions préliminaires, et il prendra toutes les mesures qu'il jugera convenables.

4. La prestation en nature ne sera point portable; elle sera levée sur les terres et biens-fonds, par les ayans droit et à leurs frais.

5. Le Gouvernement fera, chaque année, dans un budget particulier et par avance, la distribution des produits présumés de la prestation en nature, soit pour ce qui concerne le personnel des membres du clergé, soit pour le matériel et autres frais du culte.

En conséquence, les curés, succursalistes et tous autres titulaires, qui percevront et leveront la prestation en nature, seront tenus de verser, en argent, dans la caisse qui leur sera indiquée, les prélèvemens auxquels ils seront assujettis.

6. Le Gouvernement, soit par les maires des communes, soit par des agens particuliers,

fera surveiller la levée de la prestation en nature, afin d'en connaître exactement les produits de toute nature, et leur valeur en numéraire.

Il sera exercé par le Gouvernement, sur les produits de la prestation en nature, un prélèvement de 5 p. $\frac{o}{o}$ en argent, pour le couvrir des frais d'administration générale et de surveillance locale.

7. La prestation en nature sera pour moitié à la charge des propriétaires ; et l'autre moitié sera supportée par les fermiers, sans indemnité ; sauf les stipulations contraires qui pourront avoir lieu par la suite.

CONCLUSION.

Nous sommes arrivés au terme de la carrière que nous avions entrepris de parcourir.

Après avoir présenté un projet de budget, tant en recette qu'en dépense, pour l'année 1817; nous avons fait connaître quelle serait la situation de la France, non-seulement à la fin de cette même année, mais encore dans les années suivantes. Nous croyons avoir démontré que, dès-à-présent, il fallait embrasser le présent et l'avenir ; qu'il était de la plus haute importance et du plus grand intérêt de pourvoir, dès 1817, à tous nos besoins et charges extraordinaires ; que, conséquemment, il était indispensable de faire les plus grands efforts, de recourir à des moyens extraordinaires, pourvu qu'ils fussent admissibles et praticables, et d'employer toutes les ressources dont on pourrait disposer.

Pénétrés de ces grandes vérités, nous avons développé nos idées et nos vues sur les moyens et les ressources qui nous ont paru les plus convenables et les plus efficaces. Les ressources à prendre dans les bois de l'État, n'étaient pas difficiles à trouver, et elles se présentaient d'elles-mêmes. Quant aux moyens extraordinaires qui consistent dans une taxe de guerre sur les propriétés territoriales, sur les créances hypothécaires et sur les rentes, tant perpétuelles que viagères, ils sont d'une nature qui les rend beaucoup plus sensibles pour les contribuables. Mais quand on veut produire de grands effets, et qu'on y est forcé par la nécessité, il faut nécessairement de grands moyens. Ceux que nous avons proposés, ne sont ni violens, ni vexatoires; ils ont incontestablement le mérite d'être justes, puisqu'ils atteignent, avec le plus d'égalité possible, les propriétaires et les capitalistes, et ils ont encore celui d'être d'une exécution facile, malgré quelques formalités inévitables.

Enfin, la mesure d'une prestation en nature pour les frais de culte, fondée sur les plus grands motifs d'intérêt public, est en même temps une mesure conciliatrice qui lève de grandes difficultés, et rend beaucoup plus facile la libération de l'État.

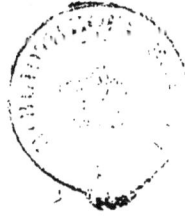

FIN DE LA SECONDE ET DERNIÈRE PARTIE.

www.ingramcontent.com/pod-product-compliance
Lightning Source LLC
Chambersburg PA
CBHW071157200326
41519CB00018B/5260